clara

Kurze lateinische Texte
Herausgegeben von Hubert Müller

Heft 22

Vergil: Aeneas und Dido

Bearbeitet von Ursula Blank-Sangmeister

Mit 11 Abbildungen

Vandenhoeck & Ruprecht

Liebe Schülerin, lieber Schüler,

Vergils *Aeneis* ist das Nationalepos der Römer. Es erzählt – nach dem Vorbild Homers – von Aeneas, einem trojanischen Prinzen, der aus dem von den Griechen zerstörten Troja flieht, nach langer Irrfahrt in Italien eine neue Heimat findet und damit zum Stammvater der Römer wird. Die *Aeneis* beschränkt sich aber nicht auf die Darstellung mythischer Ereignisse, sondern bezieht durch Prophezeiungen und Vorausdeutungen auch die gesamte römische Geschichte mit ein, die in Augustus, dem ersten Kaiser, gipfelt: In ihm vollendet sich – in der *Aeneis* – die von den Göttern vorbestimmte Größe Roms.

Im Epos Vergils erscheint Aeneas als der Inbegriff römischen Wesens und römischer Lebensauffassung. Er ist zielbewusst und leidensfähig, und vor allem ist er *pius*, »gottesfürchtig, pflichtgetreu«: Er gehorcht den Göttern und erfüllt, seine privaten Wünsche hintanstellend, selbstlos seine Pflicht. Im vorliegenden Heft wird Ihnen eine Episode aus seinem Leben vorgestellt: Während der Fahrt nach Italien verschlägt ein Seesturm Aeneas nach Karthago (der Stadt, die in historischer Zeit zu Roms großer Rivalin um die Vormacht im Mittelmeerraum werden sollte). Es kommt zu einer Liebesbeziehung mit der dortigen Königin Dido …

Um Ihnen die Arbeit mit den Texten zu erleichtern, sind wir folgendermaßen vorgegangen:

In der rechten Spalte sind die Vokabeln angegeben, die nicht Teil des Grundwortschatzes sind. Rot hervorgehoben sind die Wörter, die zum Aufbauwortschatz gehören oder in der Textsammlung mehr als zweimal auftauchen. Alle diese rot markierten Wörter sind als Lernwortschatz gedacht und werden nur bei ihrem ersten Vorkommen aufgeführt. Am Ende der Ausgabe finden Sie den Lernwortschatz alphabetisch zusammengestellt.

Fragen und Aufgaben helfen Ihnen, die Texte zu verstehen und zu erschließen.

Zur Metrik

Vergils *Aeneis* ist, ebenso wie alle griechischen und lateinischen Epen, in rhythmisch gegliederten Versen verfasst. Dies hat Auswirkungen auf den Satzbau, da das Versmaß mit darüber entscheidet, wo ein Wort stehen kann. Die Wortstellung ist in der Poesie deswegen oft anders als in Prosatexten.

Ein epischer Vers besteht aus sechs Einheiten, den sog. Versfüßen, und wird daher als *Hexameter* (von griech. *hex* = sechs) bezeichnet. Die ersten vier Versfüße sind Daktylen (Schema eines *Daktylus*: – ∪∪ , z.B. currimus), die auch durch Spondeen (Schema eines *Spondeus*: – – , z.B. Dīdī) ersetzt werden können. Der fünfte Versfuß ist gewöhnlich ein Daktylus, während der sechste ein Spondeus oder ein *Trochäus* (Schema: – ∪ , z.B. vēnit) sein kann.

Ein Hexameter zeigt also folgenden Aufbau:

$$-\overline{\cup\cup}\,|\,-\overline{\cup\cup}\,|\,-\overline{\cup\cup}\,|\,-\overline{\cup\cup}\,|\,-\cup\cup\,|\,-\times$$

(Das × steht für – oder ∪)

Wann ist eine Silbe lang, wann kurz?
Lang ist eine Silbe,
   1. wenn sie von Natur aus lang ist (**rē̆gī̆**na; **au**tem);
   2. wenn sie positionslang ist, d.h., wenn auf einen kurzen Vokal zwei oder mehr Konsonanten folgen (auch über das Wortende hinweg) (Anna so**ror**, quae). Ausnahme: Folgt auf einen der Konsonanten b/d/g/p/t/c der Konsonant r oder l, muss dies in der Poesie keine Länge bewirken.
   Eine Silbe, die weder von Natur noch aufgrund ihrer Position lang ist, ist kurz.

Das Zusammentreffen eines Vokals am Wortende mit einem Vokal am Anfang des folgenden Wortes (= Hiat) gilt als verpönt. Ein Hiat wird entweder durch Elision oder Aphärese vermieden.

Elision: Wegfall des Endvokals vor anlautendem Vokal (sēsē ōre: lies: sēsōre). Dies gilt auch, wenn vor dem anlautenden Vokal ein h steht, da der Buchstabe h in der Antike nicht gesprochen wurde. Elidiert wird auch, wenn die Endsilbe auf -m endet, da ein auslautendes -m eine Nasalierung des Vokals bewirkte (fixum immōtum: lies: fiximmōtum).

Aphärese: Ein kurzer Vokal im Wortanlaut, besonders bei est, wird nicht gesprochen (haec patria est: lies: haec patriast).

Pausen und Enjambement
Die Pause innerhalb eines Hexameters, die den Vers inhaltlich-syntaktisch gliedert, heißt Zäsur (»Einschnitt«). Ein Hexameter hat meist eine oder zwei Zäsuren. Gibt es nur eine Zäsur, steht sie nach dem fünften halben Metrum und heißt Penthemimeres:

    Arma virumque cano, Troiae qui primus ab oris (1,1)

Hat ein Hexameter zwei Zäsuren, stehen sie nach dem dritten und siebten halben Metrum (Trithemimeres bzw. Hephthemimeres):

    quidve dolens regina deum tot volvere casus (1,9)

Das Versende markiert meist einen inhaltlich-syntaktischen Einschnitt. Manchmal aber lässt die Wortstellung keine Pause zu, sondern die Versgrenze wird übersprungen. In diesem Fall spricht man von einem Enjambement:

    Interea magno misceri murmure caelum / īncipit (160f.)

Das Enjambement kann auch gezielt eingesetzt sein, z.B. um eine gewisse Hast zum Ausdruck zu bringen:

    … totumque viderēs
  misceri ante oculos tantis clamoribus aequor! (4,410f.)

1 Prooemium

Teil 1

1 Arma virumque cano, Troiae qui primus ab oris
  Italiam, fato profugus, Laviniaque venit
  litora, multum ille et terris iactatus et alto
  vi superum saevae memorem Iunonis ob iram;
5 multa quoque et bello passus, dum conderet urbem
  inferretque deos Latio, genus unde Latinum,
  Albanique patres atque altae moenia Romae.

  Musa, mihi causas memora, quo numine laeso
  quidve dolens regina deum tot volvere casus
10 insignem pietate virum, tot adire labores
  impulerit. Tantaene animis caelestibus irae?

canere, cecinī, –: singen; besingen, preisen
Trōia: *Stadt in Kleinasien, Heimat des Aeneas*
Ītaliam: *Zielakk., abh. von* vēnit
profugus: Flüchtling
Lāvīnius: *Adj. zu der in Latium (Landschaft um Rom) gelegenen Stadt* Lavinium
lītora: *Zielakk., abh. von* vēnit
terrīs ... altō: *Ortsangaben ohne Präp.*
iactāre: hin und her werfen
altum *poet.*: das hohe Meer
superūm = superōrum
memor, memoris: unversöhnlich
Iūnō, Iūnōnis *f.*: Juno; *Göttin, Gemahlin Jupiters*
passus: *erg.* est
urbem: *gemeint ist* Lavinium; *die Stadt ist nach Lavinia, der späteren Frau des Aeneas, benannt*
Latium: *Landschaft um Rom*
Latīnus: *Adj. zu* Latium
unde: *erg.* sunt
Albānus: *Adj. zu* Alba Longa *(älteste Stadt Latiums)*
Mūsa: Muse; *für bestimmte wissenschaftliche oder künstlerische Bereiche zuständige Gottheit*
quō nūmine laesō ... rēgīna deūm: welches göttliche Wollen war verletzt, was schmerzte die Königin der Götter so sehr, dass
volvere cāsūs: Schicksalsschläge erleiden
impellere, pulī, pulsum: anstoßen, (an)treiben
caelestis, e: himmlisch, göttlich
īrae: *erg.* sunt

1. Welche Themen des Epos werden in den ersten beiden Versen genannt und wie werden diese im Folgenden ausgeführt? Zitieren Sie lateinisch.
2. Vielfach wird die *Aeneis* die römische *Ilias* (Kampf um Troja) und die römische *Odyssee* (Irrfahrten des Odysseus) genannt. Welche lateinischen Formulierungen entsprechen dem Inhalt der *Ilias*, welche dem der *Odyssee*?
3. (a) Zitieren Sie den Auftrag, den Aeneas zu erfüllen hat. – (b) Wie wird dieser Auftrag begründet?
4. (a) Welche Rolle spielt hier die Göttin Juno? – (b) Forschen Sie nach, wie es zur *ira Iunonis* kommt, und verfassen Sie einen »Lexikonartikel« zu dem Begriff.
5. Weshalb wendet sich der Dichter an die Muse?
6. Inwiefern bedient sich Vergil hier – abgesehen von der metrischen Form – einer poetischen Sprache? Nennen Sie Beispiele.

Die Gattung »Epos«

Vergils *Aeneis* gehört zur literarischen Gattung »Epos«. Diese vornehmste narrative Großform, in der antiken Literatur als *genus grande* bezeichnet, erzählt in gebundener Sprache (in daktylischen Hexametern) von sagenhaften Heroen und ihren ebenso heroischen Taten und erhebt den Anspruch, ein umfassendes, allgemeingültiges Bild der Welt zu vermitteln. So befasst sich die *Aeneis* nicht nur mit dem außergewöhnlichen Schicksal ihres Protagonisten, sondern ist zugleich auch Ausdruck des römischen Sendungsbewusstseins.
Zu den Merkmalen dieser Gattung gehört ein allwissender Erzähler, der seinen epischen Bericht mit wörtlichen Reden, Beschreibungen (griech. Ekphraseis, Singular: Ekphrasis), Gleichnissen und Vergleichen ausschmückt. Zu Beginn steht ein Prooemium, in dem der Autor seinen Stoff umreißt und die Musen darum bittet, ihn bei seinem Werk zu unterstützen. Dem Epos eigen ist außerdem der sogenannte »Götterapparat«: Parallel zur Handlung auf der Erde gibt es – durchaus menschliche – Auseinandersetzungen zwischen den Göttern, die dann, je nach ihren Neigungen und Zielen, in das irdische Geschehen eingreifen.
Das Epos bedient sich, dem hehren Inhalt angemessen, nicht nur eines bestimmten Versmaßes, sondern einer auch sonst gehobenen Sprache: Wörter oder Wendungen, die in der Prosa ganz unüblich sind und nur in der Dichtung vorkommen, werden als »Poetismen« bezeichnet (z.B. statt *vidēre*: *oculīs haurīre*, »mit den Augen schöpfen«) – sie sind oft schwierig zu übersetzen. Da die Epen ursprünglich zur »mündlichen« Literatur gehörten, vorgetragen von einem Rhapsoden, einem »fahrenden Sänger«, sind auch gewisse formelhafte Ausdrücke (und Wiederholungen) nicht selten. Damit verbunden ist auch das Phänomen des Epitheton ornans (»schmückendes Beiwort«): *altus* z.B. steht in der *Aeneis* oft in dieser »schmückenden« Funktion.
Nicht zu unterschätzen sind die Zwänge, die sich aus der metrischen Form ergeben: So lassen sich manche Wörter (z.B. *imperātor* – ∪ – ∪) oder Formen (z.B. *trahiminī* ∪ ∪ ∪ –) im Hexameter gar nicht unterbringen. Daher sind zahlreiche Poetismen – wie der poetische Plural oder der Wegfall der Präposition bei Ortsangaben – oft metrisch bedingt. Dies gilt auch für manche Stilmittel, z.B. Stellungsfiguren wie dem Hyperbaton oder der Enallage. Es ist also nicht leicht zu entscheiden, wann eine solche Stilfigur wirklich expressiv gemeint ist.

2 Dido und Anna

»Aeneas wird von Dido in Karthago willkommen geheißen.« Im Hintergrund das zerstörte Troja; links: Aeneas und seine Gefährten erblicken bei der Ankunft in Afrika das Omen der fliegenden Schwäne. Buchmalerei von Bartolomeo da S. Vito, um 1497/99.

Auf seiner Reise nach Italien ist Aeneas (Aenēās, ae m.) durch einen Seesturm nach Karthago verschlagen und dort von der Königin Dido (Dīdō, ōnis f.) sehr freundlich empfangen worden. Er hat ihr ausführlich vom Untergang Trojas und seinen bisherigen Reiseerlebnissen berichtet.

1 At regina gravi iamdudum saucia cura
  vulnus alit venis et caeco carpitur igni.

  Multa viri virtus animo multusque recursat
  gentis honos; haerent infixi pectore vultus
5 verbaque nec placidam membris dat cura quietem.

rēgīna: Königin
iamdūdum *Adv.*: schon lange
saucius: verwundet
vēnīs = in vēnīs
vēna: Ader
caecus: blind; verborgen
carpere: verzehren
multa … multus *adverbial*: immer wieder
virī: *gemeint ist Aeneas*
animō recursāre: immer wieder in den Sinn kommen
honōs = honor
gentis: *gemeint sind die Trojaner*
haerēre, haesī, haesum in + *Abl./+ Dat.*: hängen (bleiben), haften, stecken bleiben in
īnfīxus: eingeprägt
pectore = in pectore
placidus: still, freundlich, gütig
membrum: Glied
cūra: Sehnsucht

Postera Phoebea lustrabat lampade terras
umentemque Aurora polo dimoverat umbram,
cum sic unanimam adloquitur male sana sororem:

»Anna soror, quae me suspensam insomnia terrent!
10 Quis novus hic nostris successit sedibus hospes,
quem sese ore ferens, quam forti pectore et armis!
Credo equidem, nec vana fides, genus esse deorum.

Degeneres animos timor arguit. Heu, quibus ille
iactatus fatis! Quae bella exhausta canebat!

15 Si mihi non animo fixum immotumque sederet,
ne cui me vinclo vellem sociare iugali,
postquam primus amor deceptam morte fefellit,
si non pertaesum thalami taedaeque fuisset,
huic uni forsan potui succumbere culpae.

---

postera: der folgende Tag
Phoebēa ... lampas, Phoebēae ... lampadis *f.*: die Fackel des Phoebus (Apoll) = Sonne
lūstrāre: erleuchten
ūmēns, ūmentis: feucht
Aurōra: *Göttin der Morgenröte*
polus: Himmel(sgewölbe)
dīmovēre, mōvī: entfernen
umbra: Schatten
ūnanimus: »ein Herz und eine Seele seiend«, vertraut
adloqui, loquor, locūtus sum: ansprechen
sāna = rēgīna (Dido); male sānus: wahnsinnig
Anna: *Schwester der Königin Dido*
suspēnsus: ängstlich, unruhig
īnsomnium: Traumbild
succēdere: sich nähern
quem ... armīs: wie tritt er auf, wie groß ist sein Mut, seine Tatkraft!
vānus: leer, nichtig
fidēs, eī *f.*: Glaube
genus esse: *erg.* hoc *als Subjektsakk.*
dēgener, dēgeneris: gemein, niedrig
arguere: verraten
heu!: ach!
iactātus: *erg.* est
iactāre: hin und her werfen
fātīs: *poetischer Pl.*
exhaustus: durchkämpft, -litten
animō = in animō
fīxus et immōtus: fest und unwandelbar
vinclō = vinculō
sociāre: verbinden
iugālis, e: ehelich
postquam ... fefellit: nachdem mich der Tod um die erste Liebe getäuscht und betrogen hat
pertaedet, pertaesum est (mē) alicuius reī: ich bin einer Sache überdrüssig/habe genug von
thalamus: (Hochzeits-)Gemach; Ehe
taeda: Hochzeit(sfackel)
forsan *Adv.*: vielleicht
succumbere: unterliegen, nachgeben
culpa: Schwäche

20 Anna (fatebor enim) miseri post fata Sychaei
coniugis et sparsos fraterna caede penatis
solus hic inflexit sensus animumque labantem
impulit. Agnosco veteris vestigia flammae.

Sed mihi vel tellus optem prius ima dehiscat
25 vel pater omnipotens adigat me fulmine ad umbras,
pallentis umbras Erebo noctemque profundam,
ante, pudor, quam te violo aut tua iura resolvo.

Ille meos, primus qui me sibi iunxit, amores
abstulit; ille habeat secum servetque sepulcro.«
30 Sic effata sinum lacrimis implevit obortis.

fāta, ōrum *n.*: Tod
Sychaeus: *Ehemann Didos*
sparsus: besudelt
frāternus: brüderlich, des Bruders; *Didos Bruder hatte Sychaeus ermordet*
penātīs = penātēs
penātēs, ium *m.*: Haus(götter)
hic: *gemeint ist Aeneas*
sēnsūs inflectere, flexī: Empfindungen berühren
animum lābantem impellere, pulī: den Vorsatz ins Wanken bringen
āgnōscere, nōvī, nōtum: (wieder)erkennen
optem: *hier mit bloßem Konj. (statt mit ut)*
mihi … tellūs īma dēhiscit: die Erde verschlingt mich
omnipotēns, omnipotentis: allmächtig
adigere, ēgī, āctum: hintreiben
fulmen, minis *n.*: Blitz
pallēns, pallentis: bleich, fahl
Erebō: in der Unterwelt
profundus: tief
resolvere: verletzen, verstoßen gegen
amōrēs: *poetischer Pl.*
sepulcrō = in sepulcrō
sepulcrum: Grab
effārī, effor, effātus sum: sprechen
sinum implēre, plēvī: den Busen/das Gewand netzen
oborīrī, oborior, obortus sum: entstehen, hervorbrechen

1 (a) Von welchen Gefühlen wird Dido hin- und hergerissen? Zitieren Sie lateinisch. – (b) Auf welche Weise versucht sie, mit diesen widerstreitenden Gefühlen zurechtzukommen? – (c) Bewerten Sie diese Gefühle; welches Gefühl wird siegen? – (d) Inwiefern enthalten Didos Worte tragische Ironie? (Zur »tragischen Ironie« s. u.)
2 Wie heben die Stilmittel in V. 9–15 die inhaltliche Aussage hervor?

Tragische Ironie

»… trägt im Drama zur Steigerung der tragischen Wirkung bei, indem der Zuschauer bereits das Verhängnis um den noch in völliger Sicherheit sich wiegenden, ahnungslosen Helden schweben sieht.«
Gero von Wilpert, Sachwörterbuch der Literatur, Stuttgart ⁵1969, S. 361, s. v. »Ironie«

Publius Vergilius Maro

Über das Leben des berühmtesten römischen Dichters gibt es erstaunlicherweise nur wenige gesicherte Informationen. Wir wissen, dass Publius Vergilius Maro im Jahre 70 v. Chr. in Andes, einem Dorf in der Nähe des oberitalischen Mantua, geboren wurde. Obwohl er aus einfachen Verhältnissen stammte – sein Vater war vielleicht Töpfer –, sollte er auf eine öffentliche Laufbahn als Anwalt vorbereitet werden und kam nach Ausbildungsstationen in Cremona und Mailand schließlich nach Rom. Dort schloss er sich, seine politischen Ambitionen aufgebend, den Neoterikern, einer Gruppe hellenistisch beeinflusster Dichter, an und lebte später in Neapel, wo er dem Kreis um den epikureischen Philosophen Siron angehörte. Fern der Hauptstadt widmete er sich nun ganz seiner Poesie.

Von den Erschütterungen der ausgehenden Republik war Vergil auch persönlich betroffen: Bei den Landenteignungen zugunsten der Veteranen (42–39 v. Chr.) wurde vorübergehend auch sein Gut konfisziert. Die Nöte jener Zeit haben in seinem ersten großen Werk, den zehn Hirtengedichten *(Eklogen)*, ihre Spuren hinterlassen.

Das nächste Opus, die *Georgica*, ein Lehrgedicht über den Landbau (etwa 36–29 v. Chr.), zeigt Vergil als Mitglied des Kreises des Maecenas, dem auch der Dichter Horaz angehörte. Der mit Augustus befreundete Maecenas, ein Gönner und Förderer der Künste, sollte auf Vergils Schaffen wesentlichen Einfluss nehmen.

In seinen restlichen Lebensjahren arbeitete der Dichter an der *Aeneis* (vgl. S. 2 und S. 5). Um seinem Epos in Griechenland den letzten Schliff zu geben, begab er sich im Gefolge des Augustus mit nach Osten. Doch wegen einer Krankheit musste er die Reise abbrechen und starb im Jahre 19 v. Chr. in Brundisium.

Die folgende Grabinschrift hat er auf seinem Totenbett angeblich selbst verfasst:
Mantua me genuit, Calabri rapuere, tenet nunc
Parthenope; cecini pascua, rura, duces.

3 Liebesqualen

Dido hat mit ihrer Schwester den Göttern geopfert, um ihre innere Ruhe wiederzufinden, doch:

68 Uritur infelix Dido totaque vagatur
urbe furens, qualis coniecta cerva sagitta,
70 quam procul incautam nemora inter Cresia fixit
pastor agens telis liquitque volatile ferrum
nescius: Illa fuga silvas saltusque peragrat
Dictaeos; haeret lateri letalis harundo.

Nunc media Aenean secum per moenia ducit
75 Sidoniasque ostentat opes urbemque paratam,
incipit effari mediaque in voce resistit;
nunc eadem labente die convivia quaerit
Iliacosque iterum demens audire labores
exposcit pendetque iterum narrantis ab ore.

ūrere, ussī, ustum: (ver)brennen
īnfēlīx, īcis: unglücklich
vāgārī: umherschweifen
furere, –, –: wüten, rasen
cerva: Hirschkuh
sagitta: Pfeil
quam: *bezieht sich auf* cerva
incautus: unvorsichtig, sorglos
nemus, nemoris *n.*: Wald
Crēsius: kretisch; *Adj. zur Insel Kreta*
fīgere, fīxī: treffen
pāstor, ōris *m.*: Hirte
agēns: *erg.* eam
agere: verfolgen
līquitque: *entspricht* linquensque
linquere, līquī: zurücklassen
volātilis, e: schnell
ferrum: *gemeint ist* sagitta
nescius: unwissend, ahnungslos
illa = cerva
saltus, ūs *m.*: Tal, Schlucht
peragrāre: durchwandern
Dictaeus: *Adj. zum Berg Dicta auf Kreta*
lētālis, e: tödlich
harundō, dinis *f.*: Rohr; Pfeil
Aenēan = Aenēam
moenia, ium *n.*: Festung
Sīdonius: karthagisch
ostentāre: zeigen
parātus: bereit, ihn aufzunehmen
resistere: innehalten, stocken
eadem (convīvia): dieselben → immer wieder
lābī, lābor, lāpsus sum: gleiten; fallen; schwinden
convīvium: Gastmahl
Īliacus: ilisch, trojanisch
dēmēns, ntis: wahnsinnig, verrückt
exposcere: fordern
pendēre, pependī, – ab: hängen an

80 Post ubi digressi lumenque obscura vicissim
luna premit suadentque cadentia sidera somnos,
sola domo maeret vacua stratisque relictis
incubat. Illum absens absentem auditque videtque
aut gremio Ascanium genitoris imagine capta
85 detinet, infandum si fallere possit amorem.

dīgressī: *erg.* sunt
dīgredī, gredior, gressus sum: sich entfernen, auseinandergehen
lūmenque … premit: der verblassende Mond verbirgt wieder sein Licht
suādēre aliquid: zu etw. raten
sīdus, eris *n.*: Stern, Gestirn
somnōs: *poetischer Pl.*
domō = in domō
maerēre, maeruī, –: (be)trauern
strātum: Polster, Lager
incubāre + *Abl.*: sich werfen *auf*
gremiō = in gremiō
gremium: Schoß
Ascanius: *(noch kleiner) Sohn des Aeneas und der Krëusa, die beim Untergang Trojas ums Leben kam*
genitor, ōris *m.*: Vater
dētinēre, tinuī, tentum: (fest)halten
īnfandus: unsagbar
sī … fallere possit: um … zu täuschen/verbergen

Non coeptae adsurgunt turres, non arma iuventus
exercet portusve aut propugnacula bello
tuta parant: Pendent opera interrupta minaeque
murorum ingentes aequataque machina caelo.

adsurgere: sich erheben, wachsen
portūs: *poetischer Pl.*
prōpūgnāculum: Bollwerk, Befestigung
bellō: gegen den Krieg
parāre: bauen
pendēre: ruhen
interruptus: *PPP zu* interrumpere: unterbrechen
minae, ārum *f.*: Zinnen
aequātus … caelō: bis in den Himmel reichend
machina: Baugerüste

1 Erläutern Sie den Vergleich V. 1–6. Was soll durch ihn zum Ausdruck kommen?
2 (a) Charakterisieren Sie Didos Beziehung zu Aeneas. Notieren Sie die zentralen lateinischen Aussagen. – (b) Warum verhält sie sich wohl so und nicht anders? Was könnte/sollte sie Ihrer Meinung nach tun?

Zu Teil 1 und 2
3 Sammeln Sie alle Informationen zu Aeneas. Zitieren Sie lateinisch. Welches Bild wird hier von ihm entworfen?
4 Welche Rolle spielt er in diesem Text und welche Absicht könnte Vergil damit verbunden haben?

4 Gewitter in Karthago

Dido und Aeneas befinden sich mit ihrem Gefolge auf der Jagd.

160 Interea magno misceri murmure caelum
incipit, insequitur commixta grandine nimbus,
et Tyrii comites passim et Troiana iuventus
Dardaniusque nepos Veneris diversa per agros
tecta metu petiere; ruunt de montibus amnes.

165 Speluncam Dido dux et Troianus eandem
deveniunt. Prima et Tellus et pronuba Iuno
dant signum; fulsere ignes et conscius aether
conubiis summoque ululrunt vertice Nymphae.

Ille dies primus leti primusque malorum
170 causa fuit; neque enim specie famave movetur
nec iam furtivum Dido meditatur amorem:
Coniugium vocat, hoc praetexit nomine culpam.

miscēre: erregen, erfüllen
murmur, uris *n.*: Brausen, Getöse
commixtā: *gehört dem Sinn nach zu* nimbus; *diese Umstellung heißt als Stilfigur Enallage (»Vertauschung«)*
commixtus: vermischt
grandō, dinis *f.*: Hagel
nimbus: Regen(sturm)
passim *Adv.*: überall
Dardanius nepōs Veneris: der dardanische Enkel der Venus; *gemeint ist Aeneas' Sohn Ascanius*
dīversus: in verschiedenen Richtungen gelegen
petiēre = petīvērunt
ruere, ruī, rutum: stürzen; eilen; einstürzen
spēlunca: Höhle
dux et = et dux
dēvenīre aliquid: in etw. kommen, gelangen
prīma et = et prīma
Tellūs, ūris *f.*: Göttin der Nahrung gebenden Erde
prōnuba: Beschützerin/Stifterin der Ehe
fulsēre = fulsērunt
fulgēre, fulsī: blitzen, strahlen
cōnscius + *Dat.*: als Mitwisser/Zeuge von etw.
aethēr, eris *m.*: Himmel
cōnubium: Ehe, Beischlaf, Vermählung
ululārunt = ululāvērunt
ululāre: heulen
vertice = in vertice
vertex, ticis *m.*: Haupt; Gipfel, Berg
Nympha: Nymphe; *Naturgottheit*
ille … fuit: Jener Tag leitete Tod und Unheil ein
speciēs, ēī *f.*: Ansehen, Ehre
furtīvus: verborgen, heimlich
meditārī + *Akk.*: denken *an*
coniugium: Ehe
praetegere, tēxī: bemänteln

1 (a) Charakterisieren Sie die im Text zum Ausdruck gebrachte Atmosphäre. Belegen Sie Ihre Aussage mit passenden lateinischen Textstellen. – (b) Passt diese Atmosphäre zum dargestellten Inhalt? Warum (nicht)?
2 Welche Rolle spielen in diesem Text die Götter?
3 (a) Wie wird Didos Verhalten hier bewertet? Nehmen Sie Stellung zu Vergils Beurteilung. – (b) Was meinen Sie: Warum wird Aeneas in diesem Text kaum erwähnt?

Jakob Philipp Hackert (1737–1807): »Äneas und Dido flüchten vor dem Unwetter in eine Grotte.« 1804. Niedersächsisches Landesmuseum Hannover.

Fama

173 Extemplo Libyae magnas it Fama per urbes,	Alsbald wandelte Fama durch Libyens mächtige Städte,
Fama, malum qua non aliud velocius ullum:	Fama, ein Übel, das hurtiger ist als alle die andern.
175 mobilitate viget virisque adquirit eundo,	Schnelligkeit nährt sie, es wächst die Kraft ihr im Schreiten.
parva metu primo, mox sese attollit in auras	Klein zu Beginn aus Furcht, erhebt sie sich bald in die Lüfte,
ingrediturque solo et caput inter nubila condit.	Schreitet am Boden einher und verbirgt in den Wolken den Scheitel.
Illam Terra parens ira inritata deorum extremam, ut perhibent, Coeo Enceladoque sororem	Mutter Erde gebar sie, erbittert gegen die Götter, Wie man erzählt, als ihr letztes Kind, des Enkeladus und des Koeus Schwester
180 progenuit pedibus celerem et pernicibus alis,	an Füßen behend und an hurtigen Flügeln,
monstrum horrendum, ingens, cui quot sunt corpore plumae,	Grässlich und groß an Gestalt. So viele Federn sie decken,
tot vigiles oculi subter (mirabile dictu),	So viel wachsame Augen darunter – o Staunen –,
tot linguae, totidem ora sonant, tot subrigit auris.	so viele Zungen und Mäuler ertönen, so viele Ohren macht spitz sie.
Nocte volat caeli medio terraeque per umbram	Nachts durchfliegt sie den Raum, der zwischen Erde und Himmel,
185 stridens, nec dulci declinat lumina somno;	Rauscht durch die Schatten, nie neigt sie die Augen dem lieblichen Schlummer.
luce sedet custos aut summi culmine tecti	Tags sitzt lauernd sie da, bald hoch auf dem Giebel der Häuser,
turribus aut altis, et magnas territat urbes,	Bald auf der Höhe der Türme und schreckt die gewaltigen Städte,
tam ficti pravique tenax quam nuntia veri.	Ist auf die Lüge erpicht so zäh wie als Botin der Wahrheit.
Haec tum multiplici populos sermone replebat	Sie nun erfüllte ringsum mit vielen Gerüchten die Völker
190 gaudens, et pariter facta atque infecta canebat:	Und erzählte mit hämischer Freude von Wahrem und Falschem,
venisse Aenean Troiano sanguine cretum,	Sagt, Aeneas sei da, ein Spross aus troischem Blute,
cui se pulchra viro dignetur iungere Dido;	Den als Gemahl die schöne Dido für würdig befunden.
nunc hiemem inter se luxu, quam longa, fovere	Jetzt durchschwelgen sie beide mit Pracht die Länge des Winters,

regnorum immemores turpique cupidine captos.	Nimmer der Herrschaft gedenk und von schändlichen Lüsten gefangen.
195 Haec passim dea foeda virum diffundit in ora.	Solches ergießt in die Mäuler des Volks die hässliche Göttin.
Protinus ad regem cursus detorquet Iarban	Plötzlich richtet nunmehr sie den Lauf zum König Jarbas,
incenditque animum dictis atque aggerat iras.	Bringt sein Herz durch Gerüchte in Glut und mehrt seinen Ingrimm.

Vergil, Aeneis 4, 173–197, in: Vergil, Aeneis. Übers. und hrsg. v. W. Plankl unter Mitwirkung von K. Vretska, Reclam, Stuttgart 1966, S. 87 f. © Philipp reclam jun. GmbH&Co., Stuttgart.

Paolo Veronese (1528–1588): Chronos und Fama, um 1551. Fresko aus der Villa Soranzo in Treville. Castelfranco Veneto, Dom.

Fama auf der Kuppel der Dresdner Kunstakademie.

1 Vergleichen Sie die beiden Abbildungen der Fama mit der Allegorie Vergils.

5 Merkur

259 Ut primum alatis tetigit magalia plantis,
Aenean fundantem arces ac tecta novantem
conspicit. Atque illi stellatus iaspide fulva
ensis erat Tyrioque ardebat murice laena
demissa ex umeris, dives quae munera Dido
fecerat et tenui telas discreverat auro.

265 Continuo invadit: »Tu nunc Karthaginis altae
fundamenta locas pulchramque uxorius urbem
exstruis? Heu, regni rerumque oblite tuarum!

Ipse deum tibi me claro demittit Olympo
regnator, caelum et terras qui numine torquet,
270 ipse haec ferre iubet celeris mandata per auras:

Quid struis? Aut qua spe Libycis teris otia terris?
Si te nulla movet tantarum gloria rerum
nec super ipse tua moliris laude laborem,

---

ut prīmum: sobald
ālātus: geflügelt
tetigit: *erg.* Merkur
magālia, ium *n.*: Nomadenhütten *am Rande Karthagos*
planta: Fuß(sohle); *der Gott Merkur trug Flügelschuhe*
Aenēan = Aenēam
fundāre: den Grund zu etw. legen, gründen
novāre: (neu) erbauen
stellātus … ēnsis: das mit bräunlichem Jaspis *(Edelstein)* sternengeschmückte Schwert
Tyriōque … umerīs: und es leuchtete von tyrischem Purpur der Mantel, der von den Schultern herabhing
quae mūnera = mūnera, quae; *poetischer Pl.*
tēlas discrēverat: sie hatte das Gewebe durchwirkt
continuō *Adv.*: sofort
invādere, vāsī, vāsum: eindringen; angreifen; anfahren
fundāmentum: Grund(lage), Fundament
ūxōrius: der Gattin sklavisch ergeben
exstruere, strūxī, strūctum: aufbauen, errichten
oblīte: *Vok. zu* oblītus (oblīvīscī)
deūm = deōrum
dēmittere, mīsī, missum: hinablassen, -schicken
Olympō = dē Olympō
Olympus: Olymp; *Berg in Griechenland, Wohnort der Götter*
rēgnātor, ōris *m.*: Herrscher
torquēre, torsī, tortum: drehen; lenken
celerīs = celerēs
mandātum: Auftrag, (An-)Weisung
aura: Luft
struere, strūxī, strūctum: schichten, bauen
Libycus: libysch, afrikanisch
terere ōtia: seine Zeit nutzlos vergeuden
terrīs = in terrīs
super *Adv.*: außerdem
tuā … laude: zu deinem Ruhm
mōlīrī, mōlior, mōlītus sum: bewältigen, unternehmen

Ascanium surgentem et spes heredis Iuli
275 respice, cui regnum Italiae Romanaque tellus
debetur.« Tali Cyllenius ore locutus
mortalis visus medio sermone reliquit
et procul in tenuem ex oculis evanuit auram.

surgere: heranwachsen
hērēs, hērēdis *m./f.*: Erbe, Erbin
Iūlus: *anderer Name des Ascanius*
respicere: Rücksicht nehmen *auf*
Cyllēnius: Kyllenier; *Beiname des Merkur nach dem griech. Gebirge Kyllene, dem angeblichen Geburtsort des Gottes*
mortālīs = mortālēs
vīsus, ūs *m.*: Sehen, Blick
mediō sermōne: mitten in der Rede
ēvānēscere, ēvānuī: entschwinden

1 Wie wird Aeneas in den Versen dargestellt und welche Absicht könnte damit verbunden sein?
2 (a) Was wirft Merkur Aeneas vor? Zitieren Sie die zentralen lateinischen Begriffe. – (b) Was will der Gott erreichen und wie geht er dabei vor? Bewerten Sie seine Strategie. – (c) Untersuchen Sie die Rede Merkurs auf sprachlich-stilistische Besonderheiten. Welche Wirkung erzielen sie?
3 Wie könnte Aeneas auf die Worte Merkurs reagieren? Notieren Sie Stichworte.

Merkur mit Flügelschuhen. Nationalmuseum Neapel.

6 Was tun?

A. Schiavone (eigentlich Andrea Meldolla, um 1522–1563): »Äneas erhält den Befehl, Dido zu verlassen«, um 1555/60. Kunsthistorisches Museum Wien.

279 At vero Aeneas aspectu obmutuit amens,
280 arrectaeque horrore comae et vox faucibus haesit.

Ardet abire fuga dulcisque relinquere terras,
attonitus tanto monitu imperioque deorum.

Heu, quid agat? Quo nunc reginam ambire furentem
audeat adfatu? Quae prima exordia sumat?

285 Atque animum nunc huc celerem nunc dividit illuc
in partisque rapit varias perque omnia versat.

aspectus, ūs *m.*: Blick, Anblick
obmūtēscere, mūtuī: verstummen
āmēns, āmentis: von Sinnen, besinnungslos
arrigere, rēxī, rēctum: emporrichten; *Pass.*: sich aufrichten
horror, ōris *m.*: Schrecken, Entsetzen
coma: Haar
faucēs, ium *f.*: Schlund, Kehle
ārdēre, arsī, arsum: brennen; leuchten; verlangen
dulcīsque = dulcēsque
terrās: *poetischer Pl.*
attonitus: tief getroffen
monitus, ūs *m.*: Mahnung
quō: *gehört zu* adfātū
ambīre aliquem: sich an jdn. wenden
adfātus, ūs *m.*: Anrede; Worte
exōrdium: Anfang
animum celerem dīvidere: seine Gedanken eilen lassen
partīsque = partēsque
rapere: reißen
per omnia versat: er wendet alles hin und her

Haec alternanti potior sententia visa est:

Mnesthea Sergestumque vocat fortemque Serestum,
classem aptent taciti sociosque ad litora cogant,
290 arma parent et, quae rebus sit causa novandis,
dissimulent; sese interea, quando optima Dido
nesciat et tantos rumpi non speret amores,
temptaturum aditus et, quae mollissima fandi
tempora, quis rebus dexter modus. Ocius omnes
295 imperio laeti parent et iussa facessunt.

alternāre: schwanken, unschlüssig sein
potior: bester
Mnesthea = Mnestheum
Mnestheus, Sergestus, Serestus: *trojanische Gefährten des Aeneas*
aptāre: instand setzen, (aus)rüsten
tacitus: schweigend, verschwiegen; heimlich
lītora: *poetischer Pl.*
quae ... novandīs: was der Grund für die neue Lage ist
dissimulāre: so tun, als ob nicht; verheimlichen; sich verstellen
sēsē: *verstärktes* sē
quandō: solange
spērāre: erwarten
temptātūrum: *erg.* esse dīcit
temptāre aditūs: nach Möglichkeiten des Zugangs *zu Dido* suchen
quae ... tempora (sint), quis ... modus (sit): *indir. Fragesätze, abh. von* temptāturum
fārī, for, fātus sum: sprechen
dexter: geeignet
ōcius *Adv.*: sofort
iussum: Befehl
facessere: *verstärktes* facere

1 Mit welchen körperlichen Empfindungen reagiert Aeneas auf das Erscheinen des Gottes? Zitieren Sie lateinisch.
2 (a) In welchem Konflikt befindet sich Aeneas und wie kommt dieser Konflikt sprachlich zum Ausdruck? – (b) Handelt es sich um einen Gewissenskonflikt? Begründen Sie Ihre Ansicht.
3 Vergleichen Sie die Reaktion des Aeneas mit Ihrer Antwort auf Frage 3 zu Text 4.
4 Kommentieren Sie die Entscheidung, die Aeneas schließlich trifft.

7 Die Reaktion Didos

296 At regina dolos (quis fallere possit amantem?)
praesensit motusque excepit prima futuros
omnia tuta timens. Eadem impia Fama furenti
299 detulit armari classem cursumque parari.

304 Tandem his Aenean compellat vocibus ultro:

305 »Dissimulare etiam sperasti, perfide, tantum
posse nefas tacitusque mea decedere terra?

Nec te noster amor nec te data dextera quondam
nec moritura tenet crudeli funere Dido?
Quin etiam hiberno moliri sidere classem
310 et mediis properas Aquilonibus ire per altum,
crudelis?

314 Mene fugis? Per ego has lacrimas dextramque tuam te
315 (quando aliud mihi iam miserae nihil ipsa reliqui),
per conubia nostra, per inceptos hymenaeos,
si bene quid de te merui, fuit aut tibi quicquam
dulce meum, miserere domus labentis et istam,
oro, si quis adhuc precibus locus, exue mentem.

320 Te propter Libycae gentes Nomadumque tyranni
odere, infensi Tyrii; te propter eundem
exstinctus pudor et, qua sola sidera adibam,
fama prior. Cui me moribundam deseris, hospes
(hoc solum nomen quoniam de coniuge restat)?

---

dolus: List
praesentire, sēnsī: vorher empfinden, ahnen
mōtus, ūs *m.*: Veränderung
excipere: erraten
omnia tūta: obwohl alles sicher schien
eadem: *Akk. Pl. n.*
impius: gottlos; gewissenlos
armāre: (aus)rüsten
tandem *Adv.*: endlich, schließlich
Aenēan = Aenēam
compellāre: anreden
ultrō *Adv.*: von sich aus
spērāstī = spērāvistī
perfidus: treulos, verräterisch
nefās *n. undekl.*: Frevel, Unrecht
dextera = dextra
moritūrus: *Part. Fut. zu* morī
fūnus, neris *n.*: Tod
hībernus: winterlich
mōlīrī: in Bewegung setzen
sīdus, deris *n.*: Stern
properāre: eilen, sich beeilen
aquilō, ōnis *m.*: Nordwind, Sturm
altum: *erg.* mare
tē: *Akk.-Obj. zu* ōrō *(V. 319)*
quandō: da ja
mihi relīquī: mir ist übrig geblieben
cōnūbia, hymenaeōs: *poetischer Pl.*
hymenaeus: Hochzeit
fuit aut = aut sī fuit
quicquam dulce meum fuit: etwas an mir war dir lieb
miserērī alicuius reī: sich einer Sache erbarmen, Mitleid haben mit etw.
exuere: ablegen
tē propter = propter tē
Nomades, um *m.*: Nomaden
tyrannus: Alleinherrscher, Tyrann
ōdēre = ōdērunt; *erg.* mē
īnfēnsus: feindselig, aufgebracht
eundem: ebenfalls
quā sōlā: *bezieht sich auf* fāma
ad sīdera adīre: an die Sterne heranreichen → in den Himmel gehoben werden
fāma: *gehört auch zu* extinctus
moribundus: sterbend, zum Sterben
restāre, stitī, –: übrig bleiben

325 Quid moror? An mea Pygmalion dum moenia frater
destruat aut captam ducat Gaetulus Iarbas?

Saltem si qua mihi de te suscepta fuisset
ante fugam suboles, si quis mihi parvulus aula
luderet Aeneas, qui te tamen ore referret,
330 non equidem omnino capta ac deserta viderer.«

Quid moror?: Worauf soll ich (noch) warten?
an?: etwa?
Pygmaliōn, ōnis *m.*: König von Tyros, Bruder der Dido
dēstruere: niederreißen, zerstören
captam = mē captam
Gaetulus: Gaetuler; *die Gaetuler waren eine nordafrikanische Völkerschaft*
Iarbās, ae *m.*: *Verehrer der Dido, Rivale des Aeneas*
saltem *Adv.*: wenigstens
suscipere: empfangen
fuisset: *entspricht* esset
suboles, is *f.*: Nachkomme(nschaft)
parvulus: *Verkleinerungsform zu* parvus
aulā = in aulā
aula: Königshof, Palast
ōre referre aliquem: an jdn. erinnern
captus: betrogen
dēsertus: verlassen, öde, einsam

1 Vergleichen Sie die Beschreibung der Fama (V. 298f.) mit ihrer Darstellung im Text »Fama« S. 16f.
2 (a) Mit welchen lateinischen Adjektiven beschreibt Dido Aeneas? – (b) Wie ist die Wahl dieser Adjektive begründet? – (c) Teilen Sie Didos Sichtweise? Warum (nicht)?
3 Prüfen Sie die Funktion der Stilmittel in V. 305–311.
4 (a) Wie stellt Dido ihre Zukunft dar? – (b) Welche Gründe führt sie für diese Sichtweise an?
5 Was möchte Dido mit ihren Worten erreichen und wie versucht sie, diese Absicht durchzusetzen?
6 Bewerten Sie V. 327–330.
7 Beschreiben Sie Didos Charakter.
8 Entwerfen Sie auf Deutsch eine Entgegnung des Aeneas.

8 Aeneas' Rechtfertigung und Didos Antwort

Teil 1

331 Dixerat. Ille Iovis monitis immota tenebat
lumina et obnixus curam sub corde premebat.

monitum: Ermahnung
immōtus: unbewegt, starr
lūmen, minis *n.*: Licht; Auge
obnīxus: mit aller Entschlossenheit/Anstrengung
cūra: Kummer
sub + *Abl.*: tief in
referre: antworten
quae = ea, quae
fandō ēnumerāre: (mit Worten) aufzählen

Tandem pauca refert: »Ego te, quae plurima fando
enumerare vales, numquam, regina, negabo
335 promeritam, nec me meminisse pigebit Elissae,
dum memor ipse mei, dum spiritus hos regit artus.

valēre: können, vermögen
promeritam: *erg.* tē esse
prōmerērī, mereor, meritus sum + *Akk.*: sich verdient machen *um*
nec mē meminisse piget: und ich erinnere mich gern
Elissa: *karthagischer Name der Dido*
memor, memoris + *Gen.*: sich bewusst
meī: *Gen. von* egō
spīritus, ūs *m.*: Geist, Atem, Leben
artūs, uum *m.*: Glieder, Gliedmaßen

Pro re pauca loquar. Neque ego hanc abscondere furto
speravi (ne finge) fugam, nec coniugis umquam
praetendi taedas aut haec in foedera veni.

abscondere: verbergen
fūrtum: Verheimlichung
nē finge: denke das nicht
taedās coniugis praetendere, tendī: eine rechtmäßige Ehe beanspruchen
haec foedera: ein solcher Vertrag, eine solche Verbindung

340 Me si fata meis paterentur ducere vitam
auspiciis et sponte mea componere curas,
urbem Troianam primum dulcisque meorum
reliquias colerem, Priami tecta alta manerent
et recidiva manu posuissem Pergama victis.

meīs auspciīs: nach meinem Willen
sponte meā: so wie ich möchte
compōnere cūrās: Sorgen beheben
dulcīs (= dulcēs) meōrum reliquiās: die mir noch verbliebenen geliebten Menschen
colere + *Akk.*: sich kümmern *um*
Priamus: *König von Troja*
recidīvus: neu erstehend
Pergama, ōrum *n.*: *Name der Burg von Troja;* Troja

345 Sed nunc Italiam magnam Gryneus Apollo,
Italiam Lyciae iussere capessere sortes;
hic amor, haec patria est. Si te Karthaginis arces
Phoenissam Libycaeque aspectus detinet urbis,
quae tandem Ausonia Teucros considere terra
350 invidia est? Et nos fas extera quaerere regna.

Grȳnēus Apollō, Grȳnēī Apollinis
m.: Apoll von Grynium; *Grynium:
Orakelstätte südlich von Troja*
Lycius: lykisch; *Adj. zu Lykien
(Landschaft im Südwesten Kleinasiens)*
iussēre = iussērunt
capessere + *Akk.*: aufsuchen
sortēs, ium *f.*: Orakel
hic, haec: dort
arcēs: *poetischer Pl.*
Phoenissam: *prädikativ zu* tē
Phoenissa: Phönizierin, Punierin
tandem *Adv.*: denn eigentlich
terrā = in terrā
Ausōnius: ausonisch; *Ausonier heißen
die Ureinwohner Mittel- und Unteritaliens*
Teucrī, ōrum *m.*: Trojaner
fās: *erg.* est
exterus: ausländisch, im Ausland
rēgna: *poetischer Pl.*

»Erbauung Karthagos.« Stahlstich aus:
Bilder-Gallerie zur allgemeinen Welt-
geschichte von Carl von Rotteck, Karls-
ruhe und Freiburg (B. Herder), 1842.

Me patris Anchisae, quotiens umentibus umbris
nox operit terras, quotiens astra ignea surgunt,
admonet in somnis et turbida terret imago;
me puer Ascanius capitisque iniuria cari,
355 quem regno Hesperiae fraudo et fatalibus arvis.

Nunc etiam interpres divum Iove missus ab ipso
(testor utrumque caput) celeris mandata per auras
detulit: Ipse deum manifesto in lumine vidi
intrantem muros vocemque his auribus hausi.

360 Desine meque tuis incendere teque querelis;
Italiam non sponte sequor.«

Teil 2

Talia dicentem iamdudum aversa tuetur
huc illuc volvens oculos totumque pererrat
luminibus tacitis et sic accensa profatur:
365 »Nec tibi diva parens generis nec Dardanus auctor,
perfide, sed duris genuit te cautibus horrens
Caucasus Hyrcanaeque admorunt ubera tigres.

Anchīsēs, ae *m.*: *Vater des Aeneas*
quotiēns: sooft
ūmēns, ntis: feucht
operīre, operuī, opertum: verhüllen, bedecken
astrum: Stern
īgneus: feurig
turbidus: unruhig, verstört, erregt
Ascanius: *erg.* admonet et terret
capitis: *Gen. obi.; pars pro toto*
Hesperia: Hesperien, »Abendland«; *gemeint ist Italien*
fraudāre + *Abl.*: betrügen *um*
fātālis, e: vom Schicksal bestimmt/verheißen
arvum: Gegend, Gefilde
interpres, etis *m.*: Erklärer, Dolmetscher
dīvum = deōrum
tēstārī + *Akk.*: schwören *bei*
celerīs = celerēs
manifestus: sichtbar, klar
haurīre, hausī, haustum: (heraus)schöpfen
auribus haurīre = audīre
incendere: quälen
querēla: Klage, Beschwerde
sponte: freiwillig

iamdūdum *Adv.*: schon lange
āversus: von der Seite
tōtum pererrat: sie mustert ihn vom Scheitel bis zur Sohle
profārī, for, fātus sum: sagen, sprechen
Dardanus: *Sohn Jupiters, Stammvater der Trojaner*
auctor, ōris *m.*: Stammvater
cautēs, is *f.*: Felsen
Caucasus: *Gebirge zwischen dem Schwarzen und dem Kaspischen Meer*
Hyrcānus: hyrkanisch; *Adj. zu der am Kaspischen Meer gelegenen Landschaft Hyrkanien (heute: nördlicher Iran)*
admōrunt = admōvērunt
ūbera admovēre: die Brust bieten, säugen
tigris, is *m./f.*: Tiger

Nam quid dissimulo aut quae me ad maiora reservo?
Num fletu ingemuit nostro? Num lumina flexit?
370 Num lacrimas victus dedit aut miseratus amantem est?
Quae quibus anteferam? Iam iam nec maxima Iuno
nec Saturnius haec oculis pater aspicit aequis.

Nusquam tuta fides. Eiectum litore, egentem
excepi et regni demens in parte locavi.
375 Amissam classem, socios a morte reduxi
(heu furiis incensa feror!): Nunc augur Apollo,
nunc Lyciae sortes, nunc et Iove missus ab ipso
interpres divum fert horrida iussa per auras.

Scilicet is superis labor est, ea cura quietos
380 sollicitat. Neque te teneo neque dicta refello:
I, sequere Italiam ventis, pete regna per undas.
Spero equidem mediis, si quid pia numina possunt,
supplicia hausurum scopulis et nomine Dido
saepe vocaturum. Sequar atris ignibus absens
385 et, cum frigida mors anima seduxerit artus,

māiōra, um *n.*: größere/schlimmere Kränkungen
reservāre: erhalten, (auf)bewahren
flētus, ūs *m.*: Weinen, Wehklagen
ingemēscere, gemuī: aufstöhnen, aufseufzen
miserārī: bemitleiden, beklagen
Quae quibus anteferam?: Was könnte in meinen Augen dies noch überbieten?
iam iam *Adv.: verstärktes* iam
Sāturnius pater: der von Saturn abstammende Vater; *gemeint ist Jupiter, der Sohn Saturns, der Vater der Götter und Menschen*
aequus: gleichgültig
ēiectus lītore: gestrandet
egēns, ntis: bedürftig, mittellos
in parte rēgnī locāre: an der Herrschaft teilhaben lassen
furiae, ārum *f.*: Wut, Wahnsinn
ferrī, feror: getrieben werden, rasen
augur, uris *m.*: Vogelschauer, Weissager, Seher
Lycius: lykisch; *Adj. zu Lykien, Landschaft im Südwestens Kleinasiens*
sortēs, ium *f.*: Orakel
dīvum = deōrum
horridus: schrecklich, entsetzlich
quiētus: ein ruhiges/ unbekümmertes Dasein führend
dictum: Wort
refellere: zurückweisen
pius: fromm, pflichtbewusst
hausūrum = tē hausurum esse
supplicia haurīre, hausī, hausum: Strafen erleiden
scopulīs = in scopulīs
scopulus: Klippe, Felsen
Dīdō: *griech. Akk.*
āter, tra, trum: schwarz; unheilvoll
frīgidus: kalt
animā: *Abl. sep.*
sēdūcere, sedūxī: wegführen, trennen

omnibus umbra locis adero. Dabis, improbe, poenas.
Audiam et haec Manis veniet mihi fama sub imos.«
His medium dictis sermonem abrumpit et auras
aegra fugit seque ex oculis avertit et aufert,
390 linquens multa metu cunctantem et multa parantem
dicere. Suscipiunt famulae conlapsaque membra
marmoreo referunt thalamo stratisque reponunt.

At pius Aeneas, quamquam lenire dolentem
solando cupit et dictis avertere curas,
395 multa gemens magnoque animum labefactus amore
iussa tamen divum exsequitur classemque revisit.

locīs = in locīs
Mānīs = Mānēs
Mānēs, ium *m.*: Manen; *Seelen der Verstorbenen;* Unterwelt
īmus: unterster, tiefster
abrumpere: abbrechen
aurae, ārum *f.*: Tageslicht
aeger, gra, grum: krank; traurig
linquere: zurücklassen
cūnctārī: zögern
dīcere: *gehört zu* cūnctantem *und* parantem
famula: Dienerin
conlāpsus: zusammengebrochen
marmoreus: aus Marmor
marmoreō thalamō: *entspricht* in thalamum marmoreum
strātīs = in strātīs
strātum: Decke, Polster
repōnere, posuī, positum: zurücklegen
lenīre: lindern, besänftigen
sōlārī: trösten
gemere, gemuī, gemitum: seufzen, stöhnen
animum: *griech. Akk.*: in Bezug auf …
labefactus: ins Wanken gebracht, erschüttert
dīvum = deōrum
exsequī, sequor, secūtus sum: ausführen, vollstrecken
revīsere, vīsī: besuchen, nach *etw.* sehen

Zu Teil 1
1 Suchen Sie aus dem Text alle lateinischen Begriffe zum Sachfeld »Götter und Schicksal« heraus und ordnen Sie diese zu einer Mindmap.
2 Welche Gefühle gegenüber Dido hat Aeneas nach eigener Aussage?
3 (a) Auf welche Vorwürfe Didos geht Aeneas ein, auf welche nicht? Zitieren Sie jeweils lateinisch. – (b) Überlegen Sie, warum Aeneas zu manchen Punkten keine Stellung bezieht. – (c) Vergleichen Sie Aeneas' Antwort mit Ihren Ausführungen zu Frage 8 zu Text 7.
4 Was wäre Aeneas in der gegenwärtigen Situation am liebsten? Zitieren Sie lateinisch.

5 Bewerten Sie die Argumente, mit denen Aeneas seine Abreise begründet. Welches Argument/welche Argumente erscheint/erscheinen Ihnen am stichhaltigsten und warum?
6 Entwerfen Sie auf der Grundlage dieses Textes ein Charakterbild des Aeneas.

Zu Teil 2
7 (a) Wo spricht Dido Aeneas an, wo nicht? – (b) Versuchen Sie vor dem Übersetzen, anhand zentraler Begriffe den Inhalt der Abschnitte zu erfassen. – (c) Wie erklären Sie sich den Wechsel in der Anrede? – (d) Welche Funktion haben in den einzelnen Abschnitten die Stilmittel?
8 Welches Bild entwirft die Königin hier (a) von Aeneas, (b) von sich selbst? Nennen Sie die zentralen lateinischen Begriffe.
9 (a) In welcher Absicht nimmt Dido in dieser Passage Bezug auf die Götter? – (b) Welches Bild von den Göttern hat sie?
10 (a) Wie reagiert Aeneas auf Didos Worte? Zitieren Sie lateinisch. – (b) Erläutern Sie seine Reaktion. – (c) Warum wird er als *pius* (V. 393) bezeichnet?

William Turner (1775–1851): »Der Aufbruch der Flotte«, 1850. Tate Gallery, London.

9 Ein weiterer Versuch

397 Tum vero Teucri incumbunt et litore celsas
deducunt toto navis. Natat uncta carina,

frondentisque ferunt remos et robora silvis
400 infabricata fugae studio.

Migrantis cernas totaque ex urbe ruentis:

Ac velut ingentem formicae farris acervum
cum populant hiemis memores tectoque reponunt,
it nigrum campis agmen praedamque per herbas
405 convectant calle angusto; pars grandia trudunt
obnixae frumenta umeris, pars agmina cogunt
castigantque moras, opere omnis semita fervet.

Nun aber strengen die Teukrer sich an, vom ganzen Gestade
Ziehn sie die ragenden Schiffe; geteert schon schwimmen die Kiele,
Grünendes Holz für die Ruder, noch roh behauene Balken
Schleppen vom Wald sie im Eifer der Flucht.
Eilen sah man sie jetzt aus der ganzen Stadt zu dem Strande.
Wie wenn Ameisenschwärme den großen Haufen des Weizens
Plündernd verschleifen, des Winters gedenk, und in Zellen verwahren;
Schwarz geht über die Felder der Zug, auf der Enge des Weges
Schleppen den Raub im Grase sie fort; die schieben der Körner
Größere Last, mit den Schulter gestemmt; die schließen den Heerzug,
Strafen die Müden, und ringsum wimmeln die Pfade geschäftig.

Vergil, Aeneis 4, 397–407, in: Vergil, Aeneis. Übers. und hrsg. v. W. Plankl unter Mitwirkung von K. Vretska, Reclam, Stuttgart 1966, S. 87 f. © Philipp reclam jun. GmbH&Co., Stuttgart.

Quis tibi tum, Dido, cernenti talia sensus,
quosve dabas gemitus, cum litora fervere late
410 prospiceres arce ex summa, totumque videres
misceri ante oculos tantis clamoribus aequor!
Improbe Amor, quid non mortalia pectora cogis!

Ire iterum in lacrimas, iterum temptare precando
cogitur et supplex animos summittere amori,
415 ne quid inexpertum frustra moritura relinquat.

quis: *adj. Interrogativpronomen zu* sēnsus
gemitus, ūs *m.*: Seufzen, Stöhnen
fervere: wimmeln
prōspicere, iō, spēxī, spectum: vor sich sehen; vorhersehen
aequor, oris *n.*: Ebene, Meer(esfläche)
improbus: grausam
quid: wozu
precārī: beten, bitten
cōgitur: *erg.* Dīdō
supplex, icis: demütig/flehentlich bittend
animōs summittere: den Stolz opfern
inexpertus: unversucht
moritūrus: *Part. Fut. zu* morī

»Anna, vides toto properari litore circum:

Undique convenere; vocat iam carbasus auras,
puppibus et laeti nautae imposuere coronas.

Hunc ego si potui tantum sperare dolorem,
420 et perferre, soror, potero. Miserae hoc tamen unum
exsequere, Anna, mihi; solam nam perfidus ille
te colere, arcanos etiam tibi credere sensus;
sola viri mollis aditus et tempora noras.

I, soror, atque hostem supplex adfare superbum:
425 Non ego cum Danais Troianam exscindere gentem
Aulide iuravi classemve ad Pergama misi,
nec patris Anchisae cinerem Manisve revelli:

Cur mea dicta negat duras demittere in auris?
Quo ruit? Extremum hoc miserae det munus amanti:
430 Exspectet facilemque fugam ventosque ferentis.
Non iam coniugium antiquum, quod prodidit, oro,
nec pulchro ut Latio careat regnumque relinquat:
Tempus inane peto, requiem spatiumque furori,
dum mea me victam doceat fortuna dolere.
435 Extremam hanc oro veniam (miserere sororis),
quam mihi cum dederit, cumulatam morte remittam.«

Anna: *Didos Schwester*
tōtō ... lītore: *Ortsangabe ohne Präp.*
circum *Adv.*: ringsum(her)
convēnēre = convēnērunt
carbasus, ī *f.*: Leinwand, Segel
puppis, is *f.*: Achterdeck, Heck
nauta, ae *m.*: Seemann
imposuēre = imposuērunt
corōna: Kranz
spērāre: (er)ahnen
et = etiam
colere ... crēdere: *erg.* solēbat
arcānus: geheim, verborgen
mollīs = mollēs; *gehört auch zu* tempora
mollis, e: günstig
nōrās = nōverās
adfārī: ansprechen
Danaī, ōrum *m.*: Danaer; *poet. Name der Griechen*
exscindere: vernichten
Aulis, idis *f.*: *Hafenstadt in Böotien; von dort segelte die Flotte der Griechen nach Troja*
Pergama, ōrum *n.*: *Name der Burg von Troja;* Troja
Anchīsēs, ae *m.*: *Vater des Aeneas*
cinis, neris *m.*: Asche
Mānīs = Mānēs
revellere: entweihen, stören
aurīs = aurēs
ferentīs = ferentēs
coniugium: Ehe
tempus ināne: nur Zeit
requies, ētis *f.*: Ruhe, Erholung
venia: Gunst, Gnade; Erlaubnis; Verzeihung
cumulātam: *prädikativ zu* quam (veniam)
cumulātus: gesteigert, reichlich, vollständig
morte remittere: im Tod vergelten

1 (a) Fassen Sie mit eigenen Worten V. 397–407 zusammen. – (b) Was soll in diesem Abschnitt vermittelt werden? – (c) Wie wird es vermittelt? Untersuchen Sie die Wortwahl und die Funktion des Vergleichs. Lesen Sie dazu auch den Text »Der Vergleich«, S. 31.
2 Untersuchen Sie die Form der Verben und die Stilmittel in V. 408–415 und analysieren Sie ihre mögliche Funktion.
3 Warum bittet Dido ihre Schwester Anna, zu vermitteln (V. 416–423)?
4 Erläutern Sie die Funktion der Verse 425–427.
5 (a) Was möchte Dido erreichen und wie begründet sie ihren Wunsch? Zitieren Sie die zentralen Aussagen lateinisch. – (b) Bewerten Sie Didos Begründung.

10 Wie eine Eiche …

437 Talibus orabat, talisque miserrima fletus
    fertque refertque soror. Sed nullis ille movetur
    fletibus aut voces ullas tractabilis audit;
440 fata obstant placidasque viri deus obstruit auris.

Ac velut annoso validam cum robore quercum
Alpini boreae nunc hinc nunc flatibus illinc
eruere inter se certant; it stridor, et altae
consternunt terram concusso stipite frondes;

445 ipsa haeret scopulis, et quantum vertice ad auras
    aetherias, tantum radice in Tartara tendit:

Haud secus adsiduis hinc atque hinc vocibus heros
tunditur, et magno persentit pectore curas;
mens immota manet, lacrimae volvuntur inanes.

tālibus: *erg.* dictīs
tālīsque = tālēsque
ferre: berichten
tractābilis, e: berührbar, nachgiebig
obstāre: im Wege stehen
obstruere, strūxī, strūctum: verbauen, verschließen
aurīs = aurēs
annōsus: bejahrt, alt
rōbur, oris *n.*: Kraft
quercus, ūs *f.*: Eiche
Alpīnus: der Alpen
boreās, ae *m.*: Nordostwind
flātus, ūs *m.*: Wehen
illinc *Adv.*: von dort
ēruere, ruī, rūtum: aufwühlen, ausreißen
it strīdor: der Baum zittert/knarrt
altus: fallend
cōnsternere, strāvī, strātum: bestreuen, bedecken
concutere, iō, cussī, cussum: schütteln, erschüttern
stīpes, itis *m.*: Baum(stamm)
frondēs: *poetischer Pl.*
frōns, frondis *f.*: Laub
ipsa = quercus
scopulus: Felsen
quantum … tantum: so hoch … so tief
aetherius: himmlisch
rādīx, īcis *f.*: Wurzel
Tartara, ōrum *n.*: Tartarus; Unterwelt
tendere: streben
secus *Adv.*: anders
adsiduus: beharrlich, (be)ständig
hinc atque hinc: von allen Seiten
hērōs, ōis *m.*: Held
tundere: bestürmen
persentīre: tief empfinden
pectus, oris *n.*: Gemüt, Herz
immōtus: unbewegt, -gerührt
volvere: vergießen

Der Vergleich
»Er ist eine […] häufige bildliche Kontextfügung. Er stellt eine Beziehung zwischen zwei im normalen Wirklichkeitsverhältnis meistens getrennten Wirklichkeitsbezirken her. Indem er etwas Gemeinsames (›tertium comparationis‹) in den beiden Bezirken herausstellt, fügt er dem ersten Bild einen neuen Ausdruckswert hinzu und gibt ihm eine bestimmte Bedeutung oder Interpretation.«
Uta Wernicke, Das neue Sprachwissen, Hamburg 1986, S. 218.

1 (a) Zitieren Sie lateinisch die Formulierungen, mit denen Aeneas' Reaktion beschrieben wird. – (b) Wie wird diese Reaktion erklärt? Zitieren Sie ebenfalls lateinisch. – (c) Was will Vergil wohl bewirken, wenn er die Reaktion des Aeneas auf diese Weise begründet?
2 Welche »Wirklichkeitsbezirke« werden in diesem Vergleich einander gegenübergestellt und was ist das »tertium comparationis«? Lesen Sie dazu auch den Text »Der Vergleich«. – (b) Überlegen Sie, welche Funktion der Vergleich in Text 10 haben könnte.

11 Vorzeichen

450 Tum vero infelix fatis exterrita Dido
mortem orat; taedet caeli convexa tueri.
Quo magis inceptum peragat lucemque relinquat,
vidit, turicremis cum dona imponeret aris,
(horrendum dictu) latices nigrescere sacros
455 fusaque in obscenum se vertere vina cruorem;
hoc visum nulli, non ipsi effata sorori.

Praeterea fuit in tectis de marmore templum
coniugis antiqui, miro quod honore colebat,
velleribus niveis et festa fronde revinctum:

460 Hinc exaudiri voces et verba vocantis
visa viri, nox cum terras obscura teneret,
solaque culminibus ferali carmine bubo
saepe queri et longas in fletum ducere voces;

multaque praeterea vatum praedicta priorum
465 terribili monitu horrificant. Agit ipse furentem
in somnis ferus Aeneas, semperque relinqui
sola sibi, semper longam incomitata videtur
ire viam et Tyrios deserta quaerere terra,
Eumenidum veluti demens videt agmina Pentheus
470 et solem geminum et duplices se ostendere Thebas,

exterritus: erschreckt, erschüttert
taedet: es ekelt *erg.* sie
convexa, ōrum *n.*: Gewölbe
quō magis: damit umso rascher
inceptum: Vorhaben, Unternehmen
peragere, ēgī, āctum: durchführen, vollenden
tūricremus: von Weihrauch brennend
ārīs: *poetischer Pl.*
āra: Altar
horrendum dictū: »schrecklich zu sagen«, es klingt entsetzlich
latex, icis *m.*: Flüssigkeit
nigrēscere: schwarz werden
obscēnus: unheilvoll, ekelhaft
vīna: *poetischer Pl.*
cruor, ōris m.: Blut
tēctīs: *poetischer Pl.*
de marmore templum: eine Kapelle aus Marmor
vellus, eris *n.*: Wollband
niveus: (schnee)weiß
fēstus: festlich
frōns, ndis *f.*: Laub
revinctus: umwunden, geschmückt
exaudīrē: (deutlich) hören
vōcēs: *erg.* vīsae (sunt)
culminibus = in culminibus
culmen, inis *n.*: Giebel; Dach
fērālis, e: Toten-
būbō: *erg.* vīsus est
būbō, ōnis *m./f.*: Uhu
vōcēs in flētum dūcere: Rufe in Weinen verklingen lassen
vātēs, is m.: Weissager, Seher
praedictum: Vorhersage, Ankündigung
terrībilis, e: schrecklich, furchtbar
monitus, ūs *m.*: Mahnung, Warnung
horrificāre: erschrecken, entsetzen
ferus: wild
incomitātus: ohne Begleitung
terrā = in terrā
Eumenides, um *f.*: Eumeniden, Rachegöttinnen
Pentheus: *König von Theben*
geminus: doppelt
duplex, icis: doppelt, zweifach
Thēbae, ārum *f.*: Theben; *Hauptstadt Böotiens*

aut Agamemnonius scaenis agitatus Orestes,
armatam facibus matrem et serpentibus atris
cum fugit ultricesque sedent in limine Dirae.

aut: *erg.* velutī videt
Agamemnonius: (Sohn) des Agamemnon
scaenīs = in scaenīs
scaena: Bühne, Szene
Orestēs, is *m.*: Sohn des Agamemnon und der Klytämnestra
armātus: bewaffnet, bewehrt
fax, facis *f.*: Fackel
serpēns, ntis *m./f.*: Schlange
ultrīx, īcis *f.*: Rächerin; rächend
līmen, inis *n.*: Schwelle, Eingang
Dīrae, ārum *f.*: Erinnyen, Furien

Charles Gleyre (1806–1874): »Pentheus, von den Mänaden verfolgt«, 1865. Öffentliche Kunstsammlung Basel.

1 Warum möchte Dido nicht mehr leben? Lesen Sie auch noch einmal Text 10.
2 (a) Suchen Sie aus dem Text alle lateinischen Begriffe zum Sachfeld »Vorzeichen« heraus und ordnen Sie diese zu einer Mindmap. – (b) Welche verschiedenen Formen von Vorzeichen zeigen sich Dido? – (c) Versuchen Sie eine Deutung. – (d) Informieren Sie sich über die Rolle der Vorzeichen in der römischen Antike und referieren Sie darüber.
3 (a) Informieren Sie sich über die Geschichte des Pentheus und des Orestes und bereiten Sie zwei Kurzreferate vor. – (b) Welche Funktion haben diese beiden Personen im Rahmen dieses Abschnitts?
4 Charakterisieren Sie die Stimmung, die in den hier vorgelegten Versen zum Ausdruck kommt.

12 Ein letzter Ausweg?

474 Ergo ubi concepit furias evicta dolore
475 decrevitque mori, tempus secum ipsa modumque
exigit, et maestam dictis adgressa sororem
consilium vultu tegit ac spem fronte serenat:

»Inveni, germana, viam (gratare sorori),
quae mihi reddat eum vel eo me solvat amantem.
480 Oceani finem iuxta solemque cadentem
ultimus Aethiopum locus est, ubi maximus Atlas
axem umero torquet stellis ardentibus aptum:

Hinc mihi Massylae gentis monstrata sacerdos,
Hesperidum templi custos, epulasque draconi
485 quae dabat et sacros servabat in arbore ramos,
spargens umida mella soporiferumque papaver.

Haec se carminibus promittit solvere mentes,
quas velit, ast aliis duras immittere curas,
sistere aquam fluviis et vertere sidera retro,
490 nocturnosque movet Manis: mugire videbis
sub pedibus terram et descendere montibus ornos.

Testor, cara, deos et te, germana, tuumque

---

concipere, concēpī furiās: wahnsinnig werden
ēvictus: überwältigt
sēcum exigere: überlegen, nachdenken über
maestus: betrübt, traurig
dictīs aggredī: ansprechen
spem fronte serēnāre: heitere Hoffnung vortäuschen
germāna: Schwester
grātārī + *Dat.*: jdn. beglückwünschen
eum … eō: *gemeint ist* Aeneas
Ōceanus: Ozean, Weltmeer
iūxtā + *Akk.*: nahe bei; *gehört zu* finem *und* sōlem
Aethiops, opis *m.*: Äthiopier
Atlās, antis *m.: Eigenname*
axis, is *m.*: Himmel
umerō torquēre: auf der Schulter drehen
stella: Stern
aptus: geschmückt
Massȳlus: numidisch
mōnstrāre: zeigen
Hesperides, um *f.*: Hesperiden; *Töchter der Nacht oder des Atlas und der Hesperia*
epulae, ārum *f.*: Gerichte, Speisen
dracō, ōnis *m.*: Schlange
rāmus: Zweig
spargere, sparsī, sparsum: streuen; (ver-/be-)sprengen
ūmidus: flüssig
mella: *poetischer Pl.*
mel, mellis *n.*: Honig
sopōrifer, a, um: Schlaf bringend
papāver, eris *n.*: Mohn
carmen, inis *n.*: Zauberspruch
ast: aber
immittere: (hinein)schicken
fluviīs = in fluviīs
fluvius: Fluss
retrō *Adv.*: rückwärts, zurück
nocturnus: nächtlich
Mānīs = Mānēs
mūgīre: brüllen
montibus = dē montibus
ornus, ī *f.*: Esche
testārī: zum Zeugen anrufen

dulce caput, magicas invitam accingier artis.

Tu secreta pyram tecto interiore sub auras
495 erige, et arma viri thalamo, quae fixa reliquit
impius, exuviasque omnis lectumque iugalem,
quo perii, super imponas: Abolere nefandi
cuncta viri monimenta iuvat monstratque sacerdos.«

Haec effata silet, pallor simul occupat ora.
500 Non tamen Anna novis praetexere funera sacris
germanam credit, nec tantos mente furores
concipit aut graviora timet quam morte Sychaei.
Ergo iussa parat.

magicus: magisch
accingier = accingī: zu Hilfe nehmen
artīs = artēs
sēcrētus: geheim, heimlich
pyra: Scheiterhaufen
tēctō = in tēctō
sub aurās: unter freiem Himmel
thalamō = in thalamō
fīgere, fīxī, fīxum: anheften, aufhängen
exuviae, ārum *f.*: (abgelegte) Kleidung
omnīs = omnēs
lectus: Bett, Lager
iugālis, e: ehelich, Ehe-
super *Adv.*: darüber, darauf
impōnās: *entspricht* impōne
abolēre: vernichten
nēfandus: ruchlos, gottlos
monimentum: Erinnerung(sstück)
iuvat: es nützt
silēre: schweigen
pallor, ōris *m.*: Blässe
ōra: *poetischer Pl.*
praetexere: verschleiern
fūnera: *poetischer Pl.*
mente concipere: begreifen, ahnen
quam morte: als beim Tod
Sychaeus: *(verstorbener) Ehemann der Dido*

1 Gliedern Sie den Text und geben Sie den Abschnitten jeweils eine deutsche Überschrift.
2 (a) Welche Fähigkeiten zeichnen die Priesterin, auf die sich Dido beruft, aus? Zitieren Sie lateinisch. – (b) Wieso soll gerade sie geeignet sein, Dido zu helfen?
3 Erläutern Sie V. 494–498.
4 (a) In welchen lateinischen Formulierungen deutet sich schon das Kommende an? – (b) Bewerten Sie Didos Verhalten Anna gegenüber.

13 Die Abreise der Trojaner

554 Aeneas celsa in puppi iam certus eundi
555 carpebat somnos rebus iam rite paratis.

Huic se forma dei vultu redeuntis eodem
obtulit in somnis rursusque ita visa monere est,
omnia Mercurio similis, vocemque coloremque
et crinis flavos et membra decora iuventa:

560 »Nate dea, potes hoc sub casu ducere somnos,
nec, quae te circum stent, deinde pericula cernis,
demens, nec Zephyros audis spirare secundos?

Illa dolos dirumque nefas in pectore versat
certa mori, variosque irarum concitat aestus.

565 Non fugis hinc praeceps, dum praecipitare potestas?

Iam mare turbari trabibus saevasque videbis
conlucere faces, iam fervere litora flammis,
si te his attigerit terris Aurora morantem.

Heia age, rumpe moras. Varium et mutabile semper
570 femina.« Sic fatus nocti se immiscuit atrae.

---

celsus: hoch(ragend)
carpere, carpsī, carptum: pflücken; genießen
somnōs: *poetischer Pl.*
rītē *Adv.*: ordnungsgemäß
sē offerre: sich zeigen
somnīs: *poetischer Pl.*
omnia, vōcem … membra: *griech. Akk.*: in Bezug auf …
Mercurius: Merkur; *Götterbote*
color, ōris *m.*: Farbe
crīnis, is *m.*: Haar; Locke
flāvus: (gold)blond
decōrus: schön
iuventa: Jugend
nātus deā: Sohn einer Göttin
cāsus, ūs *m.*: (gefährliche) Lage
dūcere somnōs = dormīre
circum + *Akk.*: um … herum
Zephyrus: (West-)Wind
spīrāre: hauchen, atmen; wehen
dīrus: unheilvoll, schrecklich
versāre: wälzen, überlegen
certus + *Inf.*: entschlossen *zu tun*
aestūs īrārum concitāre: Wogen des Hasses hochpeitschen
praecipitāre: (sich) kopfüber herabstürzen, in aller Eile fliehen
potestās: *erg.* est
turbāre: verwirren, aufwühlen
trabs, trabis *f.*: Balken; Schiff
conlūcēre: leuchten, strahlen
fervere, –, –: glühen
terrīs = in terrīs
Aurōra: *Göttin der Morgenröte*
hēia!: auf!, los!
rumpere morās: nicht länger zögern
mūtābilis, e: veränderlich
fēmina: Frau
fārī, for, fātus sum: sprechen, sagen
noctī sē immiscēre: in der Nacht verschwinden

Tum vero Aeneas subitis exterritus umbris
corripit e somno corpus sociosque fatigat
praecipitis: »Vigilate, viri, et considite transtris;
solvite vela citi. Deus aethere missus ab alto
575 festinare fugam tortosque incidere funis
ecce iterum instimulat. Sequimur te, sancte deorum,
quisquis es, imperioque iterum paremus ovantes.

Adsis o placidusque iuves et sidera caelo
dextra feras.« Dixit vaginaque eripit ensem
580 fulmineum strictoque ferit retinacula ferro.

Idem omnis simul ardor habet, rapiuntque ruuntque;
litora deseruere, latet sub classibus aequor,
adnixi torquent spumas et caerula verrunt.

subitus: plötzlich
corripere, iō, ripuī, reptum: zusammenraffen, reißen
sociōs praecipitīs fatīgāre: die Gefährten zur Eile antreiben
vigilāre: (er)wachen, wachsam sein
cōnsīdere trānstrīs: sich auf die Ruderbänke setzen
vēlum: Segel
citus: schnell, eilig
festīnāre: beschleunigen
tortus: gedreht, gewunden
incīdere, cīdī, cīsum: hinein-, abschneiden
fūnīs = fūnēs
fūnis, is *m.*: Seil, Tau
īnstimulāre: anstacheln, auffordern
ovāre: jubeln
ō: oh
caelō ... ferās: bringe am Himmel
dexter, tra, trum: günstig
vāgīna: Scheide
ēnsis, is *m.*: Schwert
fulmineus: blitzend
stringere, strīnxī, strictum: zücken
ferīre: (zer)schlagen
retināculum: Halte-, Ankertau
omnīs = omnēs
ardor, ōris *m.*: Leidenschaft, Begeisterung
rapere: rennen
dēseruēre = dēseruērunt
latēre: verborgen sein
classibus: *poetischer Pl.*
annīxus: angestrengt
spūmās torquēre: Gischt aufwühlen
caerula verrere: die Wellen durchpeitschen

1 (a) Mit welchen Argumenten warnt Merkur Aeneas? Zitieren Sie die zentralen lateinischen Aussagen. – (b) Halten Sie seine Warnungen für berechtigt?
2 Kommentieren Sie Merkurs Ausspruch »*Varium et mutabile semper est femina*« (V. 569f.).
3 Wie reagiert Aeneas auf die göttliche Erscheinung?
4 Vergleichen Sie das Auftreten des Götterboten hier mit seinem früheren Erscheinen.

14 Didos Fluch

584 Et iam prima novo spargebat lumine terras
585 Tithoni croceum linquens Aurora cubile.

Regina e speculis ut primam albescere lucem
vidit et aequatis classem procedere velis
litoraque et vacuos sensit sine remige portus,
terque quaterque manu pectus percussa decorum
590 flaventisque abscissa comas »pro Iuppiter! Ibit
hic« ait, »et nostris inluserit advena regnis?

Non arma expedient totaque ex urbe sequentur,
diripientque rates alii navalibus? Ite,
ferte citi flammas, date tela, impellite remos!

595 Quid loquor? Aut ubi sum? Quae mentem insania mutat?
Infelix Dido, nunc te facta impia tangunt?
607 Sol, qui terrarum flammis opera omnia lustras,
tuque harum interpres curarum et conscia Iuno,
nocturnisque Hecate triviis ululata per urbes
610 et Dirae ultrices et di morientis Elissae,

prīma: in aller Frühe
Tīthōnus: *Ehemann der Aurora*
croceus: safranfarben, gold(gelb)
linquere: zurücklassen
Aurōra: *Göttin der Morgenröte*
cubīle, is *n.*: Lager
ē speculīs: von der Burg aus
prīma lūx albēscit: es wird hell, es tagt
aequātus: gleichgerichtet
rēmex, igis *m.*: Rudermannschaft, Ruderer
portūs: *poetischer Pl.*
ter *Adv.*: dreimal
quater *Adv.*: viermal
percussus: *aktiv zu übersetzen*: sie schlug sich und ...
flāvēns, ntis: (gold)blond
abscissa comās: mit zerrauftem Haar
prō Iuppiter!: bei/ach Jupiter!
illūdere, lūsī + *Dat.*: verhöhnen, verspotten
advena, ae *m.*: Fremder
rēgnīs: *poetischer Pl.*
expedīre: bereit machen, fertig machen
dīripere, iō ratēs nāvālibus: Schiffe von den Werften wegreißen
citus: schnell, eilig
rēmus: Ruder
īnsānia: Wahnsinn, Raserei
Sōl, is *m.*: Sonnengott
lūstrāre: betrachten, prüfen
interpres, etis *f.*: Überbringerin
cōnscius + *Gen.*: etw. kennend
Hecatē, ae *f.*: *Göttin der Wege und Zauberei*
triviīs = in triviīs
trivium: Drei-, Kreuzweg
ululātus: mit Geheul verehrt
Dīrae, ārum *f.*: Erinnyen, Furien
ultrīx, īcis *f.*: Rächerin; rächend
dī = deī
Elissa: *anderer Name der Dido*

accipite haec meritumque malis advertite numen
et nostras audite preces. Si tangere portus
infandum caput ac terris adnare necesse est
et sic fata Iovis poscunt, hic terminus haeret,
615 at bello audacis populi vexatus et armis,
finibus extorris, complexu avulsus Iuli
auxilium imploret videatque indigna suorum
funera; nec, cum se sub leges pacis iniquae
tradiderit, regno aut optata luce fruatur,
620 sed cadat ante diem mediaque inhumatus harena.

Haec precor, hanc vocem extremam cum sanguine fundo.
Tum vos, o Tyrii, stirpem et genus omne futurum
exercete odiis, cinerique haec mittite nostro
munera. Nullus amor populis nec foedera sunto.
625 Exoriare aliquis nostris ex ossibus ultor,
qui face Dardanios ferroque sequare colonos,
nunc, olim, quocumque dabunt se tempore vires.
Litora litoribus contraria, fluctibus undas
imprecor, arma armis: Pugnent ipsique nepotesque.«

accipere: vernehmen
meritum malīs advertite nūmen: wendet euer göttliches Walten meinem Unglück zu
tangere: erreichen
portūs: *poetischer Pl.*
īnfandum caput: *gemeint ist Aeneas*
īnfandus: unsäglich, verrucht
adnāre + *Dat.*: schwimmen zu, landen an
terminus: Grenze; Ziel
haerēre: bestehen bleiben
vexāre: quälen, heimsuchen
fīnibus extorrris, e: heimatlos
complexus, ūs *m.*: Umarmung
Iūlus: *anderer Name des Ascanius*
avellere, vellī, vulsum: entreißen
implōrāre: anflehen, erflehen
lūx, lūcis *f.*: Leben(sglück)
inhumātus: ohne Begräbnis
harēna: Sand
stirps, stirpis *f.*: Stamm, Spross
odiīs exercēre: mit ständigem Hass verfolgen
suntō: sie sollen sein
exoriāre = exoriāris
exorīrī: sich erheben
os, ossis *n.*: Knochen; *Pl.*: Gebeine
ultor, ōris *m.*: Rächer
Dardanius: dardanisch, trojanisch
sequāre = sequāris
ōlim *Adv.*: einst, dereinst
sē dare: zur Verfügung stehen
contrāria: *gehört auch zu* undās *und* arma
contrārius: gegenüberliegend; feindlich
fluctibus: *erg.* »des Tibers«
imprecārī: (an)wünschen
nepōs, ōtis *m.*: Neffe; Enkel

1 Wie reagiert Dido auf die Abfahrt der Trojaner und wie bringt Vergil ihre Gefühle stilistisch zum Ausdruck (V. 584–596)?
2 An welche Gottheiten wendet sich Dido und warum?
3 Worum bittet Dido die Götter? Zitieren Sie die zentralen Aussagen lateinisch.
4 Bewerten Sie das Verhalten der karthagischen Königin.
5 Informieren Sie sich darüber, ob »ihre Wünsche in Erfüllung gehen«. Bereiten Sie ein Kurzreferat vor.

15 Das Ende

Teil 1

642 At trepida et coeptis immanibus effera Dido
sanguineam volvens aciem, maculisque trementis
interfusa genas et pallida morte futura,
645 interiora domus inrumpit limina et altos
conscendit furibunda rogos ensemque recludit
Dardanium, non hos quaesitum munus in usus.

trepidus: hastig
coeptīs: *poetischer Pl.*
coeptum: Vorhaben
immānis, e: ungeheuerlich
efferus: wild, entfesselt
sanguineus: blutunterlaufen
aciēs, ēī *f.*: Auge
macula: Fleck
trementīs = trementēs
tremēns, ntis: zitternd
interfūsus genās: die Wangen gezeichnet
pallidus: blass, bleich
inrumpere, rūpī, ruptum: einbrechen, stürzen in
līmen, minis *n.*: Raum, Gemach
cōnscendere, scendī, scēnsum: besteigen
furibundus: wütend, rasend
rogōs: *poetischer Pl.*
rogus: Scheiterhaufen
reclūdere: zücken
Dardanius: dardanisch, trojanisch
quaerere: erbitten
ūsūs: *poetischer Pl.*

Hic, postquam Iliacas vestis notumque cubile
conspexit, paulum lacrimis et mente morata
650 incubuitque toro dixitque novissima verba:

Īliacus: trojanisch
vestīs = vestēs
nōtus: bekannt
lacrimīs et mente morārī: die Tränen hemmen und nachsinnen
incumbere, cubuī, cubitum + *Dat.*: sich legen/werfen *auf*
torus: Bett, Lager
novus: letzter

»Dulces exuviae, dum fata deusque sinebat,
accipite hanc animam meque his exsolvite curis.

exūviae, ārum *f.*: Kleider, Gewänder
exsolvere: erlösen

Vixi et, quem dederat cursum Fortuna, peregi,
et nunc magna mei sub terras ibit imago.

quem dēderat cursum Fortūna = cursum, quem Fortūna dēderat
meī: *Gen. zu* egō
terrās: *poetischer Pl.*

655 Urbem praeclaram statui, mea moenia vidi,
ulta virum poenas inimico a fratre recepi,
felix, heu nimium felix, si litora tantum
numquam Dardaniae tetigissent nostra carinae.«

statuere: errichten
ulcīscī, ulcīscor, ultus sum: rächen
poenās recipere ab: *jdn.* bestrafen
fēlīx, fēlīcis: glücklich
carīna: Schiff(skiel)

Dixit, et os impressa toro »moriemur inultae,
660 sed moriamur« ait. »Sic, sic iuvat ire sub umbras.
Hauriat hunc oculis ignem crudelis ab alto
Dardanus, et nostrae secum ferat omina mortis.«
Dixerat, atque illam media inter talia ferro
conlapsam aspiciunt comites ensemque cruore
665 spumantem sparsasque manus. It clamor ad alta
atria: Concussam bacchatur Fama per urbem.

Lamentis gemituque et femineo ululatu
tecta fremunt, resonat magnis plangoribus aether,
non aliter quam si immissis ruat hostibus omnis
670 Karthago aut antiqua Tyros flammaeque furentes
culmina perque hominum volvantur perque deorum.

ōs imprimī torō: das Gesicht aufs Bett drücken
moriēmur: *Pluralis maiestatis*
inultus: ungerächt
haurīre oculīs: schauen, erblicken
ab altō: *erg.* marī
Dardanus: Dardaner; *gemeint ist Aeneas*
ōmen, minis *n.*: Vor-, Wahrzeichen
tālia: *erg.* verba
conlābī, lābor, lāpsus sum: zusammenbrechen
spūmāns, ntis: triefend
ātrium: Halle, Saal
bacchārī: rasen
lāmentā, ōrum *n.*: Wehklagen, Jammern
fēmineus: weiblich
ululātus, ūs *m.*: Geheul, Geschrei
fremere: dröhnen
resonāre: widerhallen
plangor, ōris *m.*: Wehklagen, Trauergeschrei
immittī, mittor, missus sum: eindringen
Tyros, ī *m.*: Mutterstadt Karthagos
culmina perque hominum … perque deōrum = per culmina et hominum et deōrum
culmen, inis *n.*: Giebel; Dach
volvī: sich wälzen

Darf man sich das Leben nehmen?
»Ich werde auf das Altwerden nicht verzichten, falls es mir meine Kräfte in vollem Umfang bewahrt, damit meine ich: meine besseren. Sollte das Alter jedoch beginnen, an meinem Verstand zu rütteln und ihn in Teilen zu zerstören, wenn ich nicht mehr lebe, sondern nur noch dahinvegetiere, dann werde ich mit einem Sprung diese morsche, brüchige Behausung verlassen. Vor einer Krankheit werde ich mit Hilfe des Todes nicht fliehen, vorausgesetzt, sie ist heilbar und beeinträchtigt nicht meine geistige Verfassung. Auch wegen eines Schmerzes werde ich nicht Hand an mich legen. Weiß ich hingegen, dass ich diesen Schmerz andauernd ertragen muss, werde ich aus dem Leben gehen, nicht seinetwegen, sondern weil er mich an allem hindern würde, was das Leben lebenswert macht.«
Seneca, Epistulae ad Lucilium 58,35 f.

1 Welche Gefühle hat Dido in V. 642–650? Notieren Sie die zentralen lateinischen Begriffe.
2 Welches Motiv gibt Dido für ihren Freitod an? Zitieren Sie lateinisch.
3 Kommentieren Sie V. 657 f.
4 (a) Charakterisieren Sie die Reaktionen, die Didos Tat in Karthago auslösen. Berücksichtigen Sie auch besonders V. 669–671. – (b) Weshalb wählt Vergil in seinem Vergleich am Ende des Textes gerade diese Beispiele?

Teil 2

672 Audiit exanimis trepidoque exterrita cursu
unguibus ora soror foedans et pectora pugnis
per medios ruit ac morientem nomine clamat:

675 «Hoc illud, germana, fuit? Me fraude petebas?
Hoc rogus iste mihi, hoc ignes araeque parabant?
Quid primum deserta querar? Comitemne sororem
sprevisti moriens? Eadem me ad fata vocasses,
idem ambas ferro dolor atque eadem hora tulisset.

650 His etiam struxi manibus patriosque vocavi
voce deos, sic te ut posita, crudelis, abessem?
Exstinxti te meque, soror, populumque patresque
Sidonios urbemque tuam. Date, vulnera lymphis
abluam et, extremus si quis super halitus errat,
685 ore legam.« Sic fata gradus evaserat altos,
semianimemque sinu germanam amplexa fovebat
cum gemitu atque atros siccabat veste cruores.

Illa gravis oculos conata attollere rursus
deficit; infixum stridit sub pectore vulnus.

690 Ter sese attollens cubitoque adnixa levavit,
ter revoluta toro est oculisque errantibus alto
quaesivit caelo lucem ingemuitque reperta.

audiit = audīvit
exanimis, e: entseelt, entsetzt
trepidus: hastig, eilig
unguis, is *m.*: (Finger-)Nagel
ōra … pectora: *poetischer Pl.*
foedāre: zerkratzen
pūgnus: Faust
fraude petere: betrügen
rogus: Scheiterhaufen
parāre: bedeuten
fāta: *poetischer Pl.*
vocāsses = vocāvisses
ambō, ambae, ambō: beide
ferre: dahinraffen
strūxī: *erg.* rogum
tē positā: *Abl. abs.*
exstīnxtī = exstīnxistī
Sīdonius: sidonisch; *Sidon: älteste Stadt Phöniziens, Mutterstadt von Tyros*
lymphīs abluere: mit Wasser auswaschen
super: *erg.* tē
hālitus, ūs *m.*: Hauch, Atem
ōre legere: mit dem Mund/mit einem Kuss auffangen
fārī, for, fātus sum: sprechen
ēvādere, vāsī: ersteigen
sēmianimis, e: halbtot
sinū = in sinū
sinus, ūs *m.*: Gewandbausch; Busen; Schoß
amplectī, amplector, amplexus sum: umarmen
fovēre, fōvī, fōtum: wärmen, hegen
siccāre: trocknen
cruōrēs: *poetischer Pl.*
gravīs = gravēs
attollere = tollere
īnfīgere, fīxī, fīxum: hineinstoßen
strīdere: zischen, rauschen, pfeifen
sēsē = sē
cubitō adnīxus: auf den Ellbogen/Arm gestützt
revolvī torō: auf das Lager zurücksinken
caelō = in caelō
ingemēscere, gemuī: aufstöhnen, aufseufzen
repertā: *erg.* lūce

Tum Iuno omnipotens longum miserata dolorem
difficilisque obitus Irim demisit Olympo,
695 quae luctantem animam nexosque resolveret artus.

Nam quia nec fato merita nec morte peribat,
sed misera ante diem subitoque accensa furore,
nondum illi flavum Proserpina vertice crinem
abstulerat Stygioque caput damnaverat Orco.

700 Ergo Iris croceis per caelum roscida pennis
mille trahens varios adverso sole colores
devolat et supra caput astitit. »Hunc ego Diti
sacrum iussa fero teque isto corpore solvo.«

Sic ait et dextra crinem secat, omnis et una
705 dilapsus calor atque in ventos vita recessit.

omnipotēns, omnipotentis: allmächtig
obitūs: *poetischer Pl.*
obitus, ūs *m.*: Sterben, Tod
Īris, Īridis *f.*: Göttin des Regenbogens
Olympō = dē Olympō
Olympus: Olymp; *Berg in Griechenland, Wohnort der Götter*
luctārī: kämpfen, sich abmühen
nexī artūs: die Fesseln des Körpers
resolvere: lösen
nec fātō meritā nec morte perīre: weder eines schicksalhaften noch eines verdienten Todes sterben
ante diem: zu früh
subitus: plötzlich
flāvus: (gold)blond
Prōserpina: *Herrscherin in der Unterwelt*
auferre: abschneiden
Stygiō Orcō damnāre: dem stygischen Orkus *(Todesgott)* weihen
croceus: safranfarben, gold(gelb)
rōscidus: mit Tau benetzt
penna: Feder; Flügel
trahēns ... adversō sōle colōrēs: gegen die Sonne ... Farben sprühend
dēvolāre: hinabfliegen
suprā + *Akk.*: oberhalb, über ... hinaus
assistere, astitī: stehen bleiben
Hunc ... sacrum: *erg.* crīnem
Dīs, Dītis *m.*: Pluto; *Gott der Unterwelt*
secāre: (ab)schneiden
dīlābī, lābor, lāpsus sum: zerfallen, vergehen, schwinden
calor, ōris *m.*: Wärme
recēdere, cessī, cessum: zurückweichen, entschwinden

1 (a) Wie reagiert Anna auf die Nachricht von Didos Sterben? Notieren Sie die wichtigsten lateinischen Aussagen. – (b) Kommentieren Sie Annas Gefühle und Verhalten.
2 (a) Warum greift Juno ein? Zitieren Sie lateinisch. – (b) Wie wird Didos Tod hier bewertet und welche Absicht könnte damit verbunden sein?
3 Welche Atmosphäre wird in V. 693–705 vermittelt? Was wollte Vergil mit dieser Beschreibung bewirken?
4 Was meinen Sie: »Durfte« sich Dido das Leben nehmen? Begründen Sie Ihren Standpunkt. Lesen Sie dazu auch den Text S. 43: »Darf man sich das Leben nehmen?«

16 Aeneas in der Unterwelt

Aeneas ist mit seinen Gefährten in Italien gelandet und ist nun in die Unterwelt hinabgestiegen, um dort seinen inzwischen verstorbenen Vater Anchises aufzusuchen. Auf seinem Weg durch das Reich der Schatten kommt er durch unterschiedliche Gegenden und hat jetzt die Trauergefilde erreicht.

450 Inter quas Phoenissa recens a vulnere Dido
errabat silva in magna; quam Troius heros
ut primum iuxta stetit agnovitque per umbras
obscuram, qualem primo qui surgere mense
aut videt aut vidisse putat per nubila lunam,
455 demisit lacrimas dulcique adfatus amore est:

quās: *gemeint sind die toten Seelen der Frauen, die Opfer ihrer Liebe wurden*
Phoenissa: Phönizierin
recēns ā vulnere: mit (noch) frischer Wunde
Trōius: trojanisch
hērōs, ōis *m.*: Held
iūxtā + *Akk.*: (nahe) bei; *gehört zu* quam
obscūram: »als Dunkle« dunkel, kaum
quālem ... quī: wie wenn jemand
prīmus mēnsis: der Beginn eines Monats
nūbilum: Gewölk
lūna: Mond
adfārī, for, fātus sum: ansprechen
exstīnctam = tē exstīnctam esse
extrēma sequī: das Leben beenden
fūnus, neris *n.*: Tod
per + *Akk.*: bei
īmus: unterster, tiefster
deūm = deōrum
loca senta sitū: modrige Moore
profundus: tief
ēgēre = ēgērunt; *erg.* mē
quīre, queō, quīvī: können
discessus, ūs *m.*: Weggehen, Abreise

»Infelix Dido, verus mihi nuntius ergo
venerat exstinctam ferroque extrema secutam?
Funeris heu tibi causa fui? Per sidera iuro,
per superos et si qua fides tellure sub ima est,
460 invitus, regina, tuo de litore cessi.
Sed me iussa deum, quae nunc has ire per umbras,
per loca senta situ cogunt noctemque profundam,
imperiis egere suis; nec credere quivi
hunc tantum tibi me discessu ferre dolorem.

465 Siste gradum teque aspectu ne subtrahe nostro.

Quem fugis? Extremum fato, quod te adloquor, hoc est.«

nē subtrahe: *verneinter Imp. Sg.*
subtrahere: sich entziehen
extrēmum ... est: dies ist das letzte Mal, dass das Schicksal mir erlaubt, zu dir zu sprechen
ardēns, ntis: grollend
torva tuēns, ntis: finster blickend
lēnībat = lēniēbat
lēnīre: lindern, besänftigen
animum = Dīdōnem
ciēre: vergießen
solō = in solō
solum: (Erd-)Boden
vultum: *griech. Akk.*: in Bezug auf das Gesicht

Talibus Aeneas ardentem et torva tuentem
lenibat dictis animum lacrimasque ciebat.

Illa solo fixos oculos aversa tenebat
470 nec magis incepto vultum sermone movetur,

quam si dura silex aut stet Marpesia cautes.

Tandem corripuit sese atque inimica refugit
in nemus umbriferum, coniunx ubi pristinus illi
respondet curis aequatque Sychaeus amorem.

475 Nec minus Aeneas casu percussus iniquo
prosequitur lacrimis longe et miseratur euntem.

silex, icis *m./f.*: Granit
Marpēsia cautēs: *marpesischer Felsen; auf dem Berg Marpesos auf der Insel Paros wurde der berühmte parische Marmor abgebaut*
sē corripere: davoneilen
refugere, iō, fūgī: zurückfliehen
umbrifer, fera, ferum: schattig, Schatten spendend
prīstinus: früher, vormalig
illī respondet cūris aequatque Sychaeus amōrem: Sychaeus teilt ihren Gram und erwidert ihre Liebe
cāsus, ūs *m.*: Schicksal
percutere, iō, cussī, cussum: durchbohren, erschüttern
prōsequī, sequor, secūtus sum: geleiten, begleiten

Ein modernes Urteil
»So groß gedacht worden wie in der »Aeneis« des Publius Vergilius Maro […] ist literarische Geschichtsmythologie selten: Mit der fiktiven Abstammung der Römer von den einzig überlebenden Troern rückt ihre Herkunft in das denkbar weiteste Alter hinauf; in der Liebesgeschichte zwischen Aeneas und Dido findet die lange historische Erbfeindschaft zwischen Rom und Karthago ihre sinnvolle, ja geschichtstheologische Begründung.«
Hans-Albrecht Koch, Frankfurter Allgemeine Zeitung, 04. 01. 2007, Nr. 3/ Seite 30

Zum lateinischen Text
1 (a) Zitieren Sie die zentrale Aussage des Aeneas lateinisch. Was will er mit diesen Worten bewirken? – (b) Halten Sie diese Äußerung für glaubwürdig? Warum (nicht)?
2 (a) Wie reagiert Dido? Schreiben Sie die entsprechenden lateinischen Wendungen heraus. – (b) Wie erklären Sie sich ihre Reaktion? – (c) Charakterisieren Sie die karthagische Königin.
3 (a) Entwerfen Sie ein Porträt des Aeneas. – (b) Ist Ihnen Aeneas sympathisch? Begründen Sie Ihre Einstellung.
4 Informieren Sie sich über das Nachleben der Geschichte von Dido und Aeneas in Literatur und Musik. Wählen Sie ein Werk aus und vergleichen Sie es mit der Darstellung Vergils.

Zum Text »Ein modernes Urteil«
5 Informieren Sie sich über den historischen Konflikt zwischen Rom und Karthago und bereiten Sie ein Kurzreferat darüber vor.

Lernwortschatz

A

adigere, ēgī, āctum	hintreiben
aeger, gra, grum	krank; traurig
aequor, oris n.	Ebene, Meer(esfläche)
aethēr, eris m.	Himmel
āgnōscere, nōvī, nōtum	(wieder)erkennen
ambō, ambae, ambō	beide
āmēns, āmentis	von Sinnen, besinnungslos
amplectī, amplector, amplexus sum	umarmen
āra	Altar
ārdēre, arsī, arsum	brennen; leuchten; verlangen
armāre	(aus)rüsten
armātus	bewaffnet, bewehrt
artūs, uum m.	Glieder, Gliedmaßen
Ascanius	(noch kleiner) Sohn des Aeneas und der Krëusa, die beim Untergang Trojas ums Leben kam
aspectus, ūs m.	Blick, Anblick
āter, tra, trum	schwarz; unheilvoll
augur, uris m.	Vogelschauer, Weissager, Seher
aura	Luft

C

caecus	blind; verborgen
caelestis, e	himmlisch, göttlich
canere, cecinī, –	singen; besingen, preisen
carpere, carpsī, carptum	pflücken; genießen
cinis, neris m.	Asche
circum + Akk.	um … herum
color, ōris m.	Farbe
complexus, ūs m.	Umarmung
concutere, iō, cussī, cussum	schütteln, erschüttern
cōnscendere, scendī, scēnsum	besteigen
cōnsternere, strāvī, strātum	bestreuen, bedecken
contrārius	gegenüberliegend; feindlich
cōnubium	Ehe, Beischlaf, Vermählung

convīvium	Gastmahl
corōna	Kranz
corripere, iō, ripuī, reptum	zusammenraffen, reißen
crīnis, is m.	Haar; Locke
cruor, ōris m.	Blut
cubīle, is n.	Lager
cūnctārī	zögern

D

decōrus	schön
dēmēns, ntis	wahnsinnig, verrückt
dēmittere, mīsī, missum	hinablassen, -schicken
dēsertus	verlassen, öde, einsam
dētinēre, tinuī, tentum	(fest)halten
dictum	Wort
dīgredī, gredior, gressus sum	sich entfernen, auseinandergehen
dīlābī, lābor, lāpsus sum	zerfallen, vergehen, schwinden
dīrus	unheilvoll, schrecklich
discessus, ūs m.	Weggehen, Abreise
dissimulāre	so tun, als ob nicht; verheimlichen; sich verstellen
dolus	List

E

effārī, effor, effātus sum	sprechen
ēnsis, is m.	Schwert
epulae, ārum f.	Gerichte, Speisen
ēruere, ruī, rūtum	aufwühlen, ausreißen
expedīre	bereit machen, fertig machen
exsequī, sequor, secūtus sum	ausführen, vollstrecken
exstruere, strūxī, strūctum	aufbauen, errichten
exterritus	erschreckt, erschüttert

F

fārī, for, fātus sum	sprechen, sagen
fātālis, e	vom Schicksal bestimmt/verheißen

faucēs, ium *f.*	Schlund, Kehle	invādere, vāsī, vāsum	eindringen; angreifen; anfahren
fax, facis *f.*	Fackel	Iūnō, Iūnōnis *f.*	Juno; *Göttin, Gemahlin Jupiters*
fēlīx, fēlīcis	glücklich		
fēmina	Frau	iussum	Befehl
ferīre	(zer)schlagen		
ferus	wild	**L**	
fervēre, –, –	glühen	lābī, lābor, lāpsus sum	gleiten; fallen; schwinden
fīgere, fīxī, fīxum	anheften, aufhängen		
flētus, ūs *m.*	Weinen, Wehklagen	latēre	verborgen sein
		Latium	*Landschaft um Rom*
fovēre, fōvī, fōtum	wärmen, hegen	lectus	Bett, Lager
frīgidus	kalt	lēnīre	lindern, besänftigen
fulmen, minis *n.*	Blitz	lēnīre	lindern, besänftigen
fundāmentum	Grund(lage), Fundament	Libycus	libysch, afrikanisch
		līmen, inis *n.*	Schwelle, Eingang
furere, –,–	wüten, rasen	lūmen, minis *n.*	Licht; Auge
		lūna	Mond
G			
gemere, gemuī, gemitum	seufzen, stöhnen	**M**	
		maerēre, maeruī, –	(be)trauern
geminus	doppelt	maestus	betrübt, traurig
gemitus, ūs *m.*	Seufzen, Stöhnen	mandātum	Auftrag, (An-)Weisung
germāna	Schwester		
gremium	Schoß	Mānēs, ium *m.*	Manen; *Seelen der Verstorbenen;* Unterwelt
H			
haerēre, haesī, haesum in + *Abl./+ Dat.*	hängen (bleiben), haften, stecken bleiben in		
		marmoreus	aus Marmor
		meditārī + *Akk.*	denken *an*
harēna	Sand	membrum	Glied
haurīre, hausī, haustum	(heraus)schöpfen	miserārī	bemitleiden, beklagen
hērēs, hērēdis *m./f.*	Erbe, Erbin		
heu!	ach!	miserērī alicuius reī	sich einer Sache erbarmen, Mitleid haben mit etwas
hībernus	winterlich		
horridus	schrecklich, entsetzlich		
		mōlīrī, mōlior, mōlītus sum	bewältigen, unternehmen
I			
immānis, e	ungeheuerlich	mōnstrāre	zeigen
impellere, pulī, pulsum	anstoßen, (an)treiben		
		N	
impius	gottlos; gewissenlos	nauta, ae *m.*	Seemann
		nefās *n. undekl.*	Frevel, Unrecht
implōrāre	anflehen, erflehen	nemus, nemoris *n.*	Wald
incīdere, cīdī, cīsum	hinein-, abschneiden	nocturnus	nächtlich
		nōtus	bekannt
incumbere, cubuī, cubitum + *Dat.*	sich legen/werfen *auf*		
		O	
īnfēlīx, īcis	unglücklich	obstruere, strūxī, strūctum	verbauen, verschließen
īnfīgere, fīxī, fīxum	hineinstoßen		
inrumpere, rūpī, ruptum	einbrechen, stürzen in	ōlim *Adv.*	einst, dereinst
		ōmen, minis *n.*	Vor-, Wahrzeichen
interpres, etis *m.*	Erklärer, Dolmetscher	operīre, operuī, opertum	verhüllen, bedecken
		ostentāre	zeigen

P

pāstor, ōris *m.*	Hirte
pendēre, pependī, – ab	hängen an
peragere, ēgī, āctum	durchführen, vollenden
peragrāre	durchwandern
percutere, iō, cussī, cussum	durchbohren, erschüttern
perfidus	treulos, verräterisch
pius	fromm, pflichtbewusst
placidus	still, freundlich, gütig
praecipitāre	(sich) kopfüber herabstürzen, in aller Eile fliehen
precārī	beten, bitten
prīstinus	früher, vormalig
properāre	eilen, sich beeilen
prōsequī, sequor, secūtus sum	geleiten, begleiten
prōspicere, iō, spēxī, spectum	vor sich sehen; vorhersehen
puppis, is *f.*	Achterdeck, Heck

R

rāmus	Zweig
recēdere, cessī, cessum	zurückweichen, entschwinden
rēgīna	Königin
repōnere, posuī, positum	zurücklegen
requies, ētis *f.*	Ruhe, Erholung
reservāre	erhalten, (auf)bewahren
rōbur, oris *n.*	Kraft
ruere, ruī, rutum	stürzen; eilen; einstürzen

S

sagitta	Pfeil
saltus, ūs *m.*	Tal, Schlucht
scaena	Bühne, Szene
secāre	(ab)schneiden
secus *Adv.*	anders
sepulcrum	Grab
serpēns, ntis *m./f.*	Schlange
sīdus, deris *n.*	Stern
sīdus, eris *n.*	Stern, Gestirn
silēre	schweigen
sinus, ūs *m.*	Gewandbausch; Busen; Schoß
sōlārī	trösten
solum	(Erd-)Boden
spargere, sparsī, sparsum	streuen; (ver-/be-)sprengen
spīrāre	hauchen, atmen; wehen
spīritus, ūs *m.*	Geist, Atem, Leben
stirps, stirpis *f.*	Stamm, Spross
stringere, strīnxī, strictum	zücken
struere, strūxī, strūctum	schichten, bauen
supplex, icis	demütig/flehentlich bittend
suprā + *Akk.*	oberhalb, über … hinaus

T

tacitus	schweigend, verschwiegen; heimlich
tandem *Adv.*	endlich, schließlich
ter *Adv.*	dreimal
terrībilis, e	schrecklich, furchtbar
testārī	zum Zeugen anrufen
thalamus	(Hochzeits-)Gemach; Ehe
torquēre, torsī, tortum	drehen; lenken
turbāre	verwirren, aufwühlen
turbidus	unruhig, verstört, erregt
ulcīscī, ulcīscor, ultus sum	rächen
umbra	Schatten
ūrere, ussī, ustum	(ver)brennen

V

vāgārī	umherschweifen
vānus	leer, nichtig
vātēs, is *m.*	Weissager, Seher
vēlum	Segel
venia	Gunst, Gnade; Erlaubnis; Verzeihung
vertex, ticis *m.*	Haupt; Gipfel, Berg
vexāre	quälen, heimsuchen
vigilāre	(er)wachen, wachsam sein